O GUIA DAS GAROTAS PARA
ADMINISTRAR OS HOMENS

O GUIA DAS GAROTAS PARA ADMINISTRAR OS HOMENS

COLOQUE SEU HOMEM EXATAMENTE ONDE VOCÊ QUER...

E FAÇA QUE FIQUE LÁ.

Jane Matthews

MARCO ZERO

Publicado originalmente sob o título
A girl´s guide to man management

Direitos desta edição reservados à Nobel Franquias S. A.
(Marco Zero é um selo editorial de Nobel Franquias S. A.)
Rua Pedroso Alvarenga, 1046 • 9o andar • 04531-004 • São Paulo • SP
Fone: (11) 3706-1466 • Fax: (11) 3706-1462
www.marcozero.com.br
atendimento@marcozero.com.br

Publicado em 2009

Criado e concebido por Axis Publishing Ltd
8c Accommodation Road
Londres NW11 8ED

Direção de criação Siân Keogh
Direção Editorial Anne Yelland
Supervisão Editorial Conor Kilgallon
Direção de ate Simon de Lotz, Sean Keogh
Produção Jo Ryan, Cécile Lerbière

ISBN 978-85-279-0471-1
Supervisão editorial Isabel Xavier da Silveira
Tradução Maria Lúcia Cumo
Revisão Eduardo Haak
Composição Guilherme Xavier

Impresso na China

SUMÁRIO

INTRODUCÃO

Você talvez não seja presidente da sua empresa ainda, mas já administra homens.

Pense nisto. Até mesmo antes de saber falar, você já sabia como conseguir o que queria, seja com um sorriso ou aos berros.

Conforme foi crescendo, aprendeu uma variedade bem maior de emoções e de técnicas para curvar as pessoas como bem queria: desde implorar e dobrar o seu pai, até piscar para o garoto que morava umas casas para frente, era um pouquinho apaixonado por você e tinha piscina.

Também já ouviu falar que, atrás de todo homem, existe uma grande mulher capaz de manobrar o próprio homem para conseguir o que quer.

Eva e Adão, Cleópatra e Antônio, Hillary e Bill: não é novidade a idéia de mulher que administra homem.

E agradecemos aos céus por isso. Porque, quando entregues ao próprio discernimento, os homens têm uma forte tendência a fazer confusão.

E não apenas nos grandes e perversos mundos dos negócios e da política, mas em um lugar muito mais importante: no relacionamento conosco. Na sua vida, no seu coração, na sua casa, no seu futuro – seja onde for.

Entenda que ainda existem homens que desaparecem mais rápido do que a vergonha em uma noite de bar, no momento em que uma garota diz "precisamos conversar". Homens que vão largar você mais rápido do que largam a roupa pelo chão. Que pensam que ponto

"G" é bomba de gasolina. E não entendem por que você não dá risada, quando contam as piadas nojentas que ouviram no vestiário.

Sejamos sinceras, eles precisam de todo o apoio que você puder dar para conseguirem apreciá-la e ganharem um lugar nos seus pensamentos, no seu coração, na sua cama e, quem sabe, até no futuro que você estiver planejando.

E justo aí que este livro vai ajudar você: ajudando-o a ser parte de uma grande parceria.

Mas antes de entrarmos nos detalhes de como conseguir fazer o moço namorar-lá com estilo, sabendo lavar as próprias cuecas (e as suas calcinhas também), precisamos explicar o que queremos dizer com "administrar um homem".

Se existe alguma coisa que eles dizem odiar acima de tudo é a garota que tenta mudar o próprio homem. Dá para entender, não? Você iria pensar duas vezes, antes de dizer "aceito" para o homem que quisesse transformá-la em alguém diferente, particularmente se for na "ex" por quem ele continua obcecado.

Então, este livro não é para transformá-lo em alguém que ele já não seja. Sempre haverá uma data de validade para o seu caso de amor, se um dos dois estiver querendo ser feliz à custa do outro.

Também não é um ataque contra os homens. Afinal, nós os adoramos (na maior parte do tempo) e sabemos que nem nós somos completamente perfeitas (tirando você, é claro).

De preferência, considere este livro como um manual de treinamento gerencial, que vai ajudá-la a entender como o homem funciona (como ele pensa, sente e age) para fazer aflorar o seu verdadeiro potencial. Afinal, os bons administradores sabem a diferença entre liderança e ditadura.

Os ditadores dão ordens e usam as pessoas para conseguir o que querem, mesmo que isso signifique mentir e enganar. Podem obter os resultados que quiserem, mas, pela falta de integridade e de decência, em lugar de amor e de lealdade, fomentam medo, ressentimento e rebelião.

Os líderes sabem que só tratando com lealdade e respeito é que se consegue reciprocidade. O caminho mais rápido para se obter os resultados certos é oferecer treinamento e apoio generosos, concentrando-se no objetivo comum. Para se obter o melhor das pessoas, é preciso elogiar, apreciar e dar aprovação para o que fazem e apreciar mais uma vez.

Talvez você esteja procurando um homem para amar e com quem ter uma relação onde os dois cresçam. Ou, quem sabe, já achou o homem, mas não está se sentindo amada, apreciada, ou ouvida com atenção.

Pense que você é a presidente de uma empresa nova e de futuro, que teria resultados excelentes assim que obtivesse a tecnologia e a habilidade para fazer aflorar todo o potencial do seu homem.

A boa perspectiva é que, quando conseguir isso, não só ele, mas o empreendimento inteiro vai florescer.

O QUE VOCÊ

QUER?

DESCOBRIR QUE PEGOU O HOMEM ERRADO É UMA COISA QUE A MAIORIA DE NÓS CONSIDERA A MAIS DOLOROSA POSSÍVEL, PORÉM, DÓI AINDA MAIS DESCOBRIR QUE ESTÁ COM O HOMEM CERTO, MAS, QUE A RELAÇÃO ESTÁ ERRADA. VOCÊS SE AMAM; TODO MUNDO DIZ QUE VOCÊS SÃO ÓTIMOS JUNTOS E VOCÊ MESMA ACHA QUE ESTÁ COM TUDO DO MELHOR POSSÍVEL, MAS PARA CADA MOMENTO GOSTOSO, DIAS SÃO PASSADOS COM UM DOS DOIS RUMINANDO RESSENTIMENTO, RAIVA, DESCONFIANÇA OU PURO DESGOSTO COM O OUTRO. SE VOCÊ CONHECE BEM TUDO ISSO, CONTINUE LENDO...

...e eles viveram felizes para sempre. Antes de saber ler, você já escutava isso e é provável que tenha sido criada acreditando nessa história. Mas a vida de gente grande vai bem mais longe.

AMOR, ÓDIO

VERDADE OU MITO?

Forte e calado pode dar certo em contos de fada, mas é difícil que funcione na vida real. A vida não é refletida pelos filmes e, normalmente, não mostram muito da realidade do dia-a-dia, muito menos a dura verdade dos relacionamentos. Os clássicos românticos com que crescemos param na hora em que o herói e a heroína finalmente superam os obstáculos à vida em comum. Pense um pouco, em termos atuais, a história pára mais ou menos depois que você percebe que está tendo um relacionamento e não só um caso rápido. "Felizes para sempre", na vida real, é onde começa o trabalho do relacionamento.

Para conseguir o que se quer, é preciso tomar a responsabilidade pela própria felicidade. Se esse conceito ainda não foi absorvido, a culpa não é sua. Desde o dia em que viu que as meninas são diferentes dos meninos, você está sendo levada a acreditar, por todos os livros, filmes e roteiros para a TV, em outras palavras, pela ficção, que o prêmio do amor é o fim da história e que, no momento em que chega o "felizes para sempre", não tem nada mais em que acreditar do que no otimista "Fim".

Exceto que, na vida real, existe sempre a manhã seguinte. Não importa o quanto o seu homem pareça ser um bom partido, expectativas, idéias e comportamentos descompassados vão acabar fazendo você perceber que, longe de "felizes para sempre", a vida a dois vai ser frustrante, exasperadora, ou simplesmente impossível.

Se amor bastasse, ninguém jamais teria um relacionamento fracassado. Mas para querer passar a noite de 52 sábados por ano com alguém e acordar alegremente ao lado dessa pessoa todas as manhãs de domingo, o grude que mantém o relacionamento tem de ser mais forte e mais duradouro do que o sentimento de ficar junto ou até de um sexo bom de verdade.

Você precisa receber da relação tudo de que precisa – e ele também. Do contrário, quando o amor ou o tesão transformam-se em dúvida, de repente, você vai descobrir que não existe uma camada mais profunda de motivos para vocês dois ficarem juntos e vai se distanciar do relacionamento.

Não é responsabilidade dele entender o que você quer e dar o que você quer, é sua responsabilidade ajudá-lo a entender as suas necessidades para que possa satisfazê-las.

NA VERDADE, ELE NÃO PRECISA SER ADMINISTRADO, PRECISA?

Não importa se de gestos for generoso, o maior elogio que o seu homem pode lhe fazer é conhecê-la bem o suficiente para sempre acertar o presente, aquele que vai encher os seus olhos de lágrimas (de prazer).

A HISTÓRIA DE CINTIA

Todas as amigas de Cintia morrem de inveja, porque ela está com um homem lindo, talentoso e sensível, que a considera uma deusa. Ela e Michel estão juntos já há algum tempo e ele continua convencido de que ela nunca erra, tanto que faz qualquer coisa para deixá-la contente.

Para provar isso, Michel deu uma festa enorme no último aniversário dela e, quando terminaram os discursos, levou Cintia e os convidados até lá fora para mostrar o presente, um carro esporte esplendoroso, com bancos de couro cor de baunilha.

Todos os homens ficaram sem fala, divididos entre a inveja e o pavor de que as namoradas esperassem um similar gesto exorbitante da parte deles.

Para a maioria das garotas, Cintia inclusive, o presente não era tão maravilhoso. Na verdade, era o tipo de presente que Michel teria adorado receber. E a preocupação de Cintia, enquanto agradecia com uma intensidade um pouco exagerada, era, como iria levar as compras do supermercado para casa? Ou levar os dois sobrinhos ao zoológico? Será que os amigos e colegas de trabalho iam achar que estava sendo exibida demais, quando aparecesse com aquele carro novo?

O presente do Michel acabou causando todo tipo de problema, Cintia ficou magoada e aborrecida, porque, depois de tanto tempo, ele ainda não a entende o suficiente para saber que não é do tipo que gosta de carro veloz e Michel ficou ressentido, porque, apesar de ter gasto uma fortuna para agradá-la, ela insiste em continuar com o velho Chevrolet fiel e sai com ele com freqüência.

Administração masculina significa ter a certeza de que o seu homem saiba, tenha você dito ou não, que o gesto que vai deixá-la feliz é café na cama um dia antes de ele gastar o dinheiro dele em um carro que é o sonho dele, não o seu.

COMO DIMINUIR AS CHANCES DE NÃO DAR CERTO

Antes de começar a administrar o seu homem, você precisa ter certeza de que ele se ajusta ao que você quer. Não vá gastar as energias com um tipo que, no final, jamais vai nem chegar perto dos seus padrões.

Mas vamos começar pelo começo. Já deve ter ouvido a expressão que não se tira leite de pedra.

Antes de começar a investir tempo e energia na administração, verifique se está com a matéria-prima certa. Decida em quais áreas vai poder ceder um pouco e quais são os pontos dos quais não vai abrir mão.

É bem aí onde o currículo dele vai precisar cobrir bem todas as atribuições do cargo. Ele pode ter algumas falhas no histórico, porque você provou, ao comprar este livro, que está pronta para investir um pouco no treinamento para tentar melhorar seus relacionamentos.

Mas se ele não tiver alguma das características essenciais, você vai perder o seu tempo e os dois vão fracassar.

Nas páginas seguintes, você vai encontrar um jeito divertido de determinar, na sua própria cabeça, o que está procurando em um homem. A maioria tem a tendência de esperar até se apaixonar, para, depois, verificar se é a pessoa certa. Ou a gente se convence de que, por estarmos apaixonadas, vamos ficar com o que temos.

Definir um gabarito para o seu homem ideal não significa que deverá descartar alguém por não ter o perfil exato. Porém é mais provável que faça uma boa escolha logo de início, se você se entender bem.

NO QUE SE REFERE À ESCOLHA DO COMPANHEIRO, MENORES SÃO AS PROBABILIDADES DE SOFRER DE MIOPIA, SE VOCÊ SE APAIXONAR TENDO O DOMÍNIO DA SITUAÇÃO OU QUANDO MELHOR VOCÊ SE ENTENDER E SOUBER DO QUE PRECISA.

DESENHANDO A PLANTA

Pelos altos e baixos da vida, você procura um homem que melhore ainda mais os altos e torne os baixos mais suportáveis. Experimente fazer este exercício para ajudar a refinar as qualidades que o seu homem ideal precisa ter.

Há anos que os homens vivem com a fantasia de encontrar uma garota que seja uma puta na cama, uma serva na casa e um troféu nos braços deles. Agora, é a sua vez de imaginar o homem ideal, unindo todos as características dos homens com que você sonhou quanto quiser.

Imagine que está projetando o companheiro perfeito. Pense em todas estas situações e, depois, escreva o nome do homem que escolheria para estar com você naquele momento. Pode ser qualquer um: alguém famoso, um personagem fictício ou histórico, alguém que você conhece. Se tiver sorte, ele já pode estar na sua vida. Depois, embaixo de cada situação, escreva as qualidades ou características que ele tem pelas quais você o escolheu. Use as conclusões que chegou para montar uma lista personalizada do que quer no companheiro perfeito para você.

QUEM É ELE?

A sua melhor amiga vai casar e todo mundo que você conhece vai comparecer. Quem você quer levar?

Nome ____________________

Características ____________________

____

A sua mãe quer que você leve o seu companheiro para o jantar de Natal, mas você conhece bem a sua família e sabe que são todos excêntricos (beirando a malucos). Quem vai levar?

Nome ____________________

Características ____________________

____

Você está gripada e presa na cama, o seu nariz está vermelho, os olhos estão inchados e o seu humor está horrendo. Quem vai querer que venha cuidar de você?

*Nome*________________________________

*Características*________________________

____

Falta uma semana para sair o pagamento e o seu dinheiro não dá para comprar a ração do gato nem comida para você mesma. Quem é o benfeitor generoso que você gostaria de ver na sua porta?

*Nome*________________________________

*Características*________________________

____

O seu chefe convidou você e um amigo para um jantar elegante. Haverá mais jóias e sofisticação do que no Titanic. Quem você vai convidar?

*Nome*________________________________

*Características*________________________

____

Você acaba de assistir a uma cena sensual na TV e o calor que sente avisa que é hora de desligar a TV para se ligar nele. Quem você quer que esteja sentado ao seu lado?

*Nome*________________________________

*Características*________________________

____

Já deu para ver o modelo surgindo? Então, continue a leitura.

Com a combinação certa das matérias-primas refletindo tanto as características "necessárias" quanto as desejáveis, a sua ajuda poderá guiar o seu homem para que chegue a ser o que você pretende, mas há coisas que não se ensinam.

ESSENCIAIS E DESEJÁVEIS

PENSE NA SUA LISTA COMO UM ATALHO PARA ENCONTRAR O RELACIONAMENTO CERTO COM O HOMEM CERTO. TAMBÉM PODE SER USADA COMO ATALHO PARA DISPENSAR AQUELES QUE NUNCA PODERÃO DAR CERTO COM VOCÊ.

Olhe com atenção para o que escreveu nas páginas 18 e 19 e verá o que realmente lhe interessa em um companheiro. Generosidade, senso de humor, paciência, aparência perfeita, até uma família esquisita do lado dele: a sua lista vai ser tão pessoal quanto você. Mas antes de decorar a lista, para poder verificar, sempre que achar que encontrou o homem certo, deixe bem claro quais os pontos da lista seriam bons de encontrar, "desejáveis" em jargão de currículo, e quais seriam definitivos, não negociáveis.

Outro modo de ver o que quer é considerar o que já está funcionando bem com você. Conhecemos centenas, até milhares de pessoas durante a vida, mas só escolhemos algumas para o grupo de amizades. Normalmente, essas pessoas têm algumas das características presentes tanto na lista dos pontos desejáveis, quanto na dos essenciais: elas nos fazem sentir bem, gostamos da companhia, às vezes até queremos ser como elas.

Você está procurando alguém com quem se divertir, alguém com quem se aninhar, alguém que precisa de você tanto quanto você precisa dele, ou tudo isso junto? Criou prioridades na lista para ver o que quer acima de tudo?

Gosta de pensar que os seus relacionamentos estão caminhando (mesmo que seja até o altar) ou você ficaria feliz com um pouco de tempo com alguém que seja o homem certo do momento?

NATUREZA X PERSONALIDADE

Há muito a fazer, em termos administrativos, para conseguir o que você quer e precisa do seu homem e do seu relacionamento, mas tome cuidado para não confundir quem ele parece ser com quem ele é de verdade.

Se Michel quisesse mesmo deixar Cintia agradecida e feliz, deveria ter guardado o cartão de crédito no bolso e colhido flores para ela todos os dias, durante uma semana.

Ao menos, Michel quis agradar Cintia. Quis fazer uma declaração pública do amor que sente por ela e do quanto está comprometido. Generosidade e consideração são duas coisas que simplesmente não se pode ensinar e é bem provável que estejam no topo da sua lista. Então, antes de embarcar em um curso intensivo para ensinar o seu homem a lhe dar a ternura de que você precisa e a expressar os sentimentos, verifique que ele tenha as qualidades subjacentes básicas (que podem estar bem no fundo), que faça valer a pena trabalhar com ele.

Enquanto estiverem envolvidos no caso de amor, pode ensiná-lo a expressar o amor que sente por você, mas não vai conseguir ensiná-lo a dar ternura, se, na verdade, ele só souber se exibir. Se for esse o caso, você vai ver que ele vai aprender rápido o roteiro, mas nunca será sincero. Não vai conseguir ensiná-lo a se entusiasmar com coisas que são muito importantes para você, as folhas secas voando, assistir a filme antigo, colecionar etiqueta de vidro de geléia, seja o que for que você gostar de fazer, que faça você se sentir bem, se ele não tiver empatia e, mesmo podendo contar com o capítulo três para ajudá-lo a se transformar em um grande amante, se ele, na realidade, for egocêntrico demais para se preocupar com sentimentos e não com técnica, tudo nunca vai passar de um curso de sexo.

MIRANDO ALTO OU EM UM PERFECCIONISMO IMPOSSÍVEL?

Se ele preencher todos os requisitos da sua lista, você achou o homem certo, no relacionamento certo, na hora certa, mas mesmo que não preencha, tome um banho de realidade, para ver mesmo se não está querendo o impossível.

Enquanto fica pensando no que realmente é importante para você em um homem, seguem alguns itens que não podem ser esquecidos.

COMO DISSE AQUELE HOMEM, OS HOMENS VÊM DE MARTE MESMO...

Dê uma olhada na lista dos pontos essenciais. É possível que as suas melhores amigas preencham a maioria dos requisitos, mas você ainda não encontrou um homem que consiga isso. As diferenças dificultam mesmo a vida, mas também a tornam mais rica e mais desafiadora e, quando se pega do jeito certo, mais emocionante e recompensadora. Lembre-se de que administrar o seu homem não significa transformá-lo em uma versão masculina de você mesma, nem das suas amigas. É uma questão de compreender como e, até um certo ponto, por que ele é diferente. Depois, usar esse conhecimento em nossa vantagem!

NINGUÉM É PERFEITO

Você merece o melhor; não há nenhum mal em ter altos padrões. É só tomar o cuidado de manter um pé na realidade. É importante não elevar as expectativas. Nós todas adoraríamos despertar ao lado do nosso ídolo do cinema, ou do príncipe do conto de fadas. Está bem pedir um homem que tenha princípios e seja forte, competente, bonito, bom de cama, brilhante com as crianças e os animais e esteja preparado para nos salvar de qualquer emergência global que possa acontecer. Mas os heróis não são reais e não vivem no mundo real, onde você vai poder conhecê-los e sair com eles. (Pergunte a si mesma, se estiver sendo muito exigente demais, como você fica na comparação com uma heroína do cinema ou com a princesa do conto de fadas. Lembre-se de que o seu homem também deve ter algumas exigências a preencher.)

TENHA CERTEZA DE QUERER MESMO O QUE ESTIVER PEDINDO

Pense em como se sentiria se o seu homem começasse a exibir as qualidades com que você sonha. Se deseja que ele deixe cair uma lágrima ao ver um filme triste, em lugar de berrar que isso é coisa de mulher, imagine como ia se sentir se ele chorasse copiosamente durante toda a volta para casa. Não gostou da idéia? Empatia, honestidade e um fundo emotivo: tudo ótimo. Mas você vai precisar descobrir se não é somente necessidade disfarçada.

QUEM É

VOCÊ?

É BOM SABER QUE OS NOSSOS ÍDOLOS TÊM DIAS EM QUE ACORDAM COM O PÉ ESQUERDO. SABE, AQUELAS FOTOGRAFIAS FORA DE FOCO DE PAPARAZZI: ASTROS INTERNACIONAIS ANDANDO PELA CALÇADA COM CALÇA LARGONA E TÊNIS VELHO. QUANDO VEMOS ALGUÉM TÃO FAMOSO COM UMA APARÊNCIA TÃO RUIM, DE ALGUM MODO, SENTIMOS A LIBERDADE DE SAIR COM UMA ESPINHA NO ROSTO, DE VEZ EM QUANDO. NA VERDADE, VOCÊ NÃO ENTENDEU A QUESTÃO. OS LINDOS E FAMOSOS SABEM O QUE ESTÃO FAZENDO, QUANDO DECIDEM SAIR MAL VESTIDOS. É EXATAMENTE POR NÃO QUEREREM FOTOGRAFIAS QUE DEIXAM DE LADO A MAQUIAGEM, VESTEM QUALQUER COISA E ASSUMEM A LINGUAGEM CORPORAL DE ALGUÉM QUE UM CACHORRO PENSARIA DUAS VEZES, ANTES DE LEVAR PARA CASA. É MUITO FÁCIL FICAR INVISÍVEL, BASTA VOCÊ SE VESTIR E AGIR COMO ALGUÉM COM ZERO DE AUTO-ESTIMA.

APRENDA A TRANSMITIR QUE ESTÁ CONFIANTE

Para uma grande estrela, pode ficar bem sair desarrumada, mas e você? Às vezes, não parece que você vestiu a capa da invisibilidade? Já sentiu que ninguém lhe dá atenção, nem a vê pelo que é?

Você acredita no seu valor? Ou está sempre ocupada demais, pedindo desculpas por estar usando o oxigênio, para ter tempo de provocar o homem da sua vida? O seu processo de pensamento funciona mais ou menos assim: "Tenho sorte de estar com ele. Preciso agüentar os hábitos horrendos dele e o jeito desligado de me tratar, porque, se eu reclamar, ele vai embora e acha alguém que não diz nada."

Na verdade, ele não vai embora. Se ele for, é mais provável que seja porque encontrou uma garota com toda a auto-estima do mundo que não vai agüentar tanta bobagem nem por um minuto, ela sabe muito bem da sorte que ele tem de estar com ela! A gente se sente bem com as pessoas que se sentem bem consigo mesmas: o problema dos capachos é que ficam estragados muito rápido, com tanta gente passando por cima. Comporte-se como sendo o máximo da qualidade, que as pessoas vão acreditar. Por outro lado, a maioria das pessoas está ocupada demais para descobrir como você é fantástica, se você não se der ao trabalho de mostrar.

Para enfrentar os problemas dele, é preciso que você tenha a confiança em si mesma de que é um bom partido e que ele tem sorte por você estar disposta a se dar ao trabalho.

Auto-estima significa que é imprescindível você dar a si mesma todas as coisas que está disposta a dar para o seu homem: amor, aprovação, confiança e respeito. Use o modo como você se trata como exemplo de como os outros devem tratar você. Mais cedo ou mais tarde, você vai começar a acreditar na própria publicidade... porque é verdade.

A mulher independente que sabe viver bem sem um homem tem todas as chances de mantê-lo do lado. Com o exercício das páginas 30-31, veja se você se coloca no topo ou perto da saída.

E ENTÃO, O QUE VOCÊ ACHA QUE VALE?

Esqueça a TPM. Do que a maioria das garotas sofre é falta de auto-estima. Este exercício vai ajudá-la a ver se o seu halo de confiança está presente de verdade, ou se você só está fazendo de conta.

OURO, PRATA OU BRONZE?

Reflita seriamente sobre cada uma das frases e marque as que soam verdadeiras no seu caso.

1. *Se discuto com um homem, acho que ele vai me deixar.* ☐
2. *Para mim, os relacionamentos com homens só são fortes o quanto eram da última vez em que estivemos juntos.* ☐
3. *Se um encontro não dá certo, não espero que ligue de novo.* ☐
4. *Já fiquei com um homem, porque pensei que não encontraria outro.* ☐
5. *No trabalho, fico esperando alguém descobrir que não sirvo para o cargo.* ☐
6. *Eu me esforço bastante para mostrar ao meu chefe que me perder vai ser um mau negócio.* ☐
7. *Sinto-me uma fraude, quando as pessoas me tratam como se eu soubesse do que estou falando.* ☐

8	*Normalmente, penso que os outros são mais bem-sucedidos do que eu.*	❐
9	*Quando as pessoas me elogiam, acho que estão falando só para ser simpáticas.*	❐
10	*Na maior parte do tempo, eu me sinto descontente com a minha aparência.*	❐
11	*Eu me esforço muito para que as pessoas gostem de mim.*	❐
12	*Sinto dificuldade para pedir que as pessoas façam coisas para mim.*	❐
13	*Para mim, é mais difícil ainda negar, quando me pedem para fazer uma coisa que não quero fazer.*	❐
14	*Com freqüência, aceito o que consigo obter e não aquilo que quero.*	❐

COMO FORAM OS SEUS RESULTADOS?

Menos de quatro marcas: ouro.

Você sabe o quanto vale e o brilho da sua auto-estima atrai muita gente. Para você, não deve ser difícil ajudar os homens da sua vida a se tornarem valiosos para você.

Entre quatro e oito: prata

A sua auto-estima é como a prata. Quando você encontra energia e disposição para limpar, você brilha. Mas com demasiada freqüência, você negligencia e o brilho do seu verdadeiro valor fica encoberto sob camadas e camadas de manchas escuras.

Mais de oito: bronze

Para nós, o bronze é daquele que não venceu. Mas não se desespere: os nossos ancestrais davam mais valor ao bronze do que para os outros metais, por ser tanto prático quanto decorativo. Portanto, dê uma boa polida na sua atitude e deixe o seu valor reluzir.

COMO VOCÊ É?

A baixa auto-estima é um golpe duplo: você não se valoriza o bastante para acreditar que merece o que deseja da vida e isso faz que se comporte de certas maneiras que só aumentam o desgosto que sente por si mesma.

Lembra-se de quando era criança e não conseguia o que queria (ou mesmo como reagiu na semana passada, quando achou que alguém a estava criticando)?

Em vez de se sentir segura o suficiente para responder de modo direto, para lutar por si mesma, você adota comportamentos totalmente diferentes, menos diretos e, com freqüência, desestimulantes.

Remoer ressentimento, ficar emburrada, implicar ou se lamentar são táticas que muita mulher tem o hábito de exibir, quando sentimos que não estão agindo certo conosco.

Se você tiver essa culpa, no fundo, não acredita que merece o melhor. Então, você se ofende fácil e vê crítica ou desaprovação nas coisas que o seu homem diz ou faz, quando provavelmente ele nem pensou nisso.

Entre as outras táticas meio dúbias que você tem para conseguir o que quer, está punir com o silêncio, chantagem emocional, ficar fria, não querer fazer sexo e até começar uma campanha de crítica para ter certeza de que ele vai se sentir mal consigo mesmo. Tudo isso compõe o guia definitivo de como NÃO conseguir o que se quer.

Assim temos outro motivo para valorizar o trabalho na sua auto-estima, além da capacidade de administração masculina: do contrário, você vai acabar culpando-o cada vez mais, não só por não ser a altura, mas por "fazer" com que você se comporte mal.

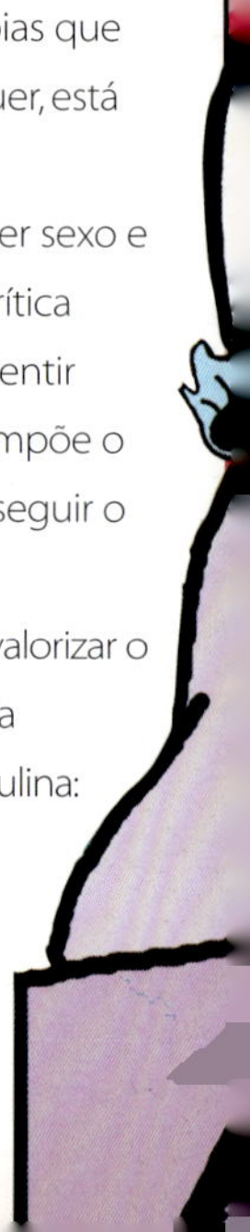

A HISTÓRIA DE SHIRLEY...

A auto-estima de Shirley dependia da pessoa com quem estivesse para fazê-la se sentir bem com si própria. Quando ela ficou com Jonas, que não sabia reconhecer um elogio, nem se você explicasse nos mínimos detalhes, foi só uma questão de tempo para as coisas ficarem complicadas. Em vez de avisá-lo da necessidade que tinha de apoio e de elogios verbais, Shirley escolheu entender o silêncio de Jonas como se ele não a desejasse nem se importasse mais com ela. Imediatamente, ela se deixou conquistar por um colega sedutor que sabia exatamente como cortejá-la e fazê-la se sentir especial e atraente.

CUIDADOS RÁPIDOS PARA A SUA AUTO-ESTIMA

Auto-estima é simplesmente tratar a si mesma do jeito como trata aqueles que você valoriza e de quem você gosta. A questão é ser a melhor amiga de si mesma. Experimente essas maneiras simples de elevar a sua auto-estima.

Existem dúzias de livros e de cursos por aí para ajudá-la a sustentar qualquer área em que acredita que esteja faltando auto-estima. Se for uma necessidade premente e quiser uma coisa que funcione um pouco mais rápido, experimente alguns desses reforços rápidos de auto-estima.

TRATE-SE COM CARINHO...

1 *Guarde um diário ou caderninho na bolsa e anote todas as coisas positivas que disserem de você: do seu trabalho, da sua aparência, alguma coisa que você tenha dito ou feito, sobre o que você significa para os outros. No início e no fim de cada dia, leia todos os comentários e tire um ou dois minutos para se concentrar e acreditar neles.*

2 *No mesmo caderno, faça a lista das grandes pessoas da sua vida, tanto agora quanto no passado. Pense um pouco em cada uma delas e reflita sobre o que as torna especiais. Depois, pergunte a si mesma, se fosse uma tal fracassada, por que pessoas tão incríveis gastariam qualquer tempo com você? Porque você também é incrível. Só por isso.*

3 *Trate a si mesma do mesmo modo como trataria uma coisa preciosa. Banhos demorados com um hidratante maravilhoso, idas regulares ao cabeleireiro, uma ou duas roupas maravilhosas, caindo perfeitamente bem, que mostram classe, em vez de um armário cheio de coisas que "servem". Se um homem a tratasse assim, você se sentiria amada. Auto-estima é uma questão de se tratar com carinho.*

4 *Aprenda a não ser dura consigo mesma. Como você reage, quando alguém querido está se sentindo triste? Da próxima vez em que estiver deprimida por qualquer motivo, procure se distanciar e converse consigo mesma do modo como faria com outra pessoa. Perdoe a sua "amiga", faça um carinho, dê apoio, levante o moral e diga que ela está fazendo o melhor que pode e que isso é o bastante.*

CUIDADOS RÁPIDOS PARA A SUA AUTO-ESTIMA CONTINUAÇÃO

Já que você voltou para a escola (de administração), aqui temos uma coisa nova para experimentar: comercialize a si mesma! Escreva em um papel todos os seus pontos positivos. Não pare antes de chegar aos 30 itens. Não importa se for difícil. Se você se sentir desanimada, imagine que está se descrevendo para alguém que não a conhece. Faça uma boa venda de si própria: não pare enquanto não conseguir a atenção de uma boa audiência imaginária. Na outra página, pusemos algumas frases para ajudar. Quando terminar, dê uma olhada na lista: é o pacote maravilhoso que está em oferta para um homem de muita sorte.

SEJA POSITIVA!

Lutando para chegar a três, imagine só trinta…

Pense no que as repostas para as seguintes perguntas contam a seu respeito:

1. *Por que os seus amigos gostam de estar com você?*
2. *O que você fez que deu orgulho para a sua família?*
3. *Qual foi a coisa mais corajosa que você já fez?*
4. *Você faz as pessoas darem risada?*
5. *Quais foram as qualidades que levaram você ao trabalho que faz hoje?*
6. *Qual é a melhor parte do seu rosto?*
7. *Do que você gosta mais no seu corpo?*
8. *O que a deixa animada?*
9. *Você tem passatempos ou interesses?*
10. *Pense em uma época em que superou a fase ruim, quais foram as qualidades que ajudaram?*
11. *E quanto às coisas na vida que faz pelos outros, o que dizem a seu respeito?*
12. *Como a sua melhor amiga descreveria você?*

É PRECISO SER DOIS

A auto-estima é uma via de mão dupla. Claro, é importante a sua estar elevada, mas se conseguiu isso à custa dos sentimentos do seu companheiro, você está se preparando para ter um problema sério. Relacionamentos saudáveis acontecem quando há auto-estima nos dois.

Auto-estima saudável é o segredo de todo relacionamento forte. O que vale para uma, vale para o outro. Você precisa que a auto-estima do seu homem seja tão elevada quanto a sua. Do contrário, ele interpretará toda sugestão que fizer como uma crítica e todo pedido como um sinal de que não conseguiu agradá-la.

A HISTÓRIA DE LUIZ E EVA

O mundo cor-de-rosa de Luiz e Eva caiu e, junto, desmoronou a gentileza, logo depois que foram morar juntos.

Tudo ia bem enquanto estavam só saindo, especialmente porque as amigas de Eva ficavam dizendo para ela como Luiz era bonito e que sorte a dela por estar com ele. Mas assim que Luiz veio morar com ela, Eva entendeu que ela era bonito graças às sessões de duas horas para se arrumar, no banheiro.

Ela começou a ridicularizar Luiz, reclamando toda vez que não conseguia pegar o que queria no banheiro. Depois, em uma manhã particularmente difícil, quando realmente precisava sair cedo, Eva começou a gritar com Luiz. Acusou-o de ser vaidoso, obcecado consigo mesmo e egoísta e que gostava mais de olhar para si próprio do que para ela.

Do outro lado da porta, Luiz sentiu-se um bobo, depois, ficou bravo e, por fim, ofendido, porque ele sabia como a aparência que tinha era importante para Eva. Ela havia dito com muita freqüência que gostava do modo como todas as amigas tinham inveja por ele ser tão bonito.

É PRECISO SER DOIS CONTINUAÇÃO

Segundo os peritos, nós, humanos, temos audição seletiva. Quando nos elogiam, ouvimos um sussurro. Quando nos criticam, ouvimos um urro. São necessárias dúzias de mensagens positivas para compensar o efeito de uma negativa (pergunte a qualquer pai ou mãe).

A HISTÓRIA DE LUIZ E EVA... CONTINUAÇÃO

Assim que Eva entendeu que Luiz era importante demais para ser mandado embora, teve muito trabalho para consertar o estrago causado por aquela explosão de raiva matutina.

Convidou-o para jantar fora e disse que ele sempre estava sempre lindo e sensual e que reconhecia o esforço que fazia, procurando estar sempre bonito para ela.

Mas queria que ele soubesse que era lindo também quando ela acordava de manhã ao lado dele e o cabelo estava bagunçado e a barba estava crescida. Talvez a história da barba tenha sido um pouco de exagero, mas Luiz entendeu o que ela queria dizer. Não existe coisa mais sensual e que traga mais confiança do que ouvir que você é bonita não importa como esteja e que é amada e aceita sempre, simplesmente como você é.

Na escola de administração masculina, essa é a lição mais importante de todas. O progresso será maior e mais rápido, se o "programa de treinamento" dele for positivo. Dê tanta atenção à auto-estima dele quanto à sua e, quando puder, encontre coisas para elogiar, em vez de criticar. Não seja cínica, agindo sem convicção, só porque vai ajudar a conseguir o que quer (ele vai perceber na hora), mas faça isso porque você o ama ou poderá amá-lo e por saber que, normalmente, ele está se esforçando para fazer tudo direito. Pense só no brilho com que você fica, quando acerta alguma coisa: quando o presente que trouxe fez brilhar os olhos de quem recebeu, ou quando algumas palavras escolhidas mudam o ânimo de uma amiga. Adoramos acertar com aqueles de quem gostamos. Quanto mais feliz ele achar que deixa você, mais feliz ele será.

SENSUA

LIDADE

NADA É MAIS COMO ERA NA GERAÇÃO DA SUA MÃE. HOJE, É PROVÁVEL QUE VOCÊ CONHEÇA O CORPO DO SEU HOMEM BEM ANTES DE SABER O TAMANHO DA CAMISA QUE USA E MUITO ANTES DE SABER O QUE PENSA EM TERMOS DE AMOR E DE COMPROMISSO. A QUESTÃO É QUE, SE NÃO FOR BEM NA CAMA, PODE SER QUE NUNCA MAIS VÁ PARA LUGAR NENHUM COM ELE. VOCÊ VAI RISCÁ-LO DA LISTA POR SER UM FRACASSO E NÃO UM AMANTE. POR ISSO É TÃO IMPORTANTE CONSEGUIR A VIDA SEXUAL QUE VOCÊ QUER. ISSO TAMBÉM É VERDADE PARA O CASO DE VOCÊS JÁ FORMAREM UMA UNIDADE, MAS A VIDA SEXUAL DE VOCÊS NUNCA FEZ A CAMA BALANÇAR, MUITO MENOS O PRÉDIO. QUANDO COMEÇARAM A SAIR JUNTOS, VOCÊ ESTAVA COM TANTA VONTADE QUE FECHOU OS OLHOS PARA O DESEMPENHO DELE, QUE DEIXOU BASTANTE A DESEJAR. AGORA, QUE RESOLVEU QUE VALE A PENA INVESTIR NELE, COMO VAI CONTAR QUE O FUTURO DE VOCÊS DEPENDE DE ELE CONSEGUIR MELHORAR NISSO?

PAR PERFEITO?

O segredo para um sexo maravilhoso é admitir que você e o seu homem são diferentes, em termos do que querem e do que necessitam de um relacionamento sexual. Para melhorar o sexo, use o seu conhecimento sobre essas diferenças para estimular uma vida sexual que deixe os dois se sentindo ótimos e satisfeitos.

O caso de Alice demonstra que a todas nós cairia bem um Sam na nossa vida. Na verdade, quando se trata de fazer amor, ninguém vai entender do que você está falando tão bem quanto outra mulher. Veja só as suas amigas assentindo, compreensivas, solidárias, compreendendo quando você reclama que o seu homem pega o seu corpo como se estivesse sintonizando uma rádio, ou entende o beijinho no rosto como uma convite descarado para um sexo animal.

As diferenças físicas entre homens e mulheres não se limitam a quem é mais alto, mais forte ou mais rápido, mas sobre o que acontece na cama. Ele vive o sexo de um modo diferente e pensa a respeito de um modo diferente do seu.

Se quiser que a sua vida sexual aconteça com tanta suavidade quanto a de Ali e Sam, então, entender o histórico dele vem vai ajudá-la a conseguir o que quer e a cuidar para que ele consiga também.

A HISTÓRIA DE ALICE

Até a época em que Alice conheceu Samuel, ela achava que sexo era um opcional. Se desse tudo certo, era um bônus, mas achar um bom amante não era nem um pouco importante para ela quanto ter alguém com quem sair, levar às festas e conversar. Depois de Samuel, Alice não sabia falar de outra coisa. Nem imaginava que sexo pudesse ser tão bom. Samuel entendia o corpo dela de um modo brilhante, sabia exatamente onde e como pôr a mão e lhe mostrou muitas coisas que ela nunca havia nem pensado (e sobre as quais as amigas não fizeram nem uma pergunta, isso seria saber demais!). Samuel entendia até quando Alice queria só ficar juntinho; ela conseguia os abraços que queria sem ter de passar pela batalha de se haveria ou não sexo naquela noite.

...OU INCOMPATIBILIDADE?

Pedindo desculpas para todos aqueles homens que nos entendem perfeitamente e sabem exatamente do que gostamos e de como gostamos... para os outros 99%, existem quatro áreas principais, em que a diferença entre os sexos é o maior risco.

1 TOQUE

Aqui temos coisas boas e coisas ruins. O bom é que, nas mãos certas, o seu corpo inteiro é uma zona erógena. Se você estiver com vontade, ele vai deixá-la prontinha só indo com o dedo de uma sarda para a outra. O lado ruim é que 90% do que ele está interessado fica localizado no meio das suas pernas. Portanto, mesmo que tenha ouvido falar que as mulheres gostam de preliminares, na verdade, ele não entende bem toda essa história e fica ansioso pelo momento em que você vai dar o sinal verde para a penetração.

Isso também explica por que ele acha que, ao passar a mão em você, tudo bem deixar de sutilezas. É preciso entender que as suas terminações nervosas já nem existem mais: de que outra maneira os homens sobreviveriam ao futebol americano? Precisa lhe demonstrar que você é uma flor sensível, que só precisa de um toque suave para chegar no ponto de ebulição.

Pagando na mesma moeda, você precisa lhe perguntar como gosta de ser tocado. O seu toque suave pode ser irritante para ele, que pode preferir alguma coisa um pouco mais arrojada.

2 DESEJO

As estimativas variam quanto à freqüência com que os homens pensam em sexo, desde hora em hora até a cada três minutos. De vez em quando, você também pensa em sexo de repente, como quando o rapaz da informática, com todo aquele corpo gostoso, vem mexer no seu disco rígido. Mas na maior parte do tempo, sexo só passa pela sua cabeça quando está se sentindo perto do homem da sua vida. Está bem esclarecido que a tendência das mulheres é chegar ao sexo através dos sentimentos.

Ele, por outro lado, consegue pensar em sexo bem longe de qualquer emoção, ligação ou intimidade. É bem mais provável que você o ouça falar dos próprios sentimentos depois do sexo, como se o alívio físico do sexo abrisse a porta secreta do lugar onde ele esconde as emoções.

O que isso significa para a sua vida sexual? Que ele não entende que precisa demonstrar o que sente, para que você entre no clima. Ou que o caminho para dentro da sua calcinha passa pelos seus ouvidos, tomando o cuidado – com a ajuda de vinho, rosas e atmosfera romântica – de fazer com que você se sinta amada. Considerando que ele fica excitado no momento em que você o toca. (Talvez até antes!) É a clássica diferença entre Marte e Vênus: a maioria das mulheres não consegue fazer sexo saindo de uma partida a frio. Ensine que ele precisa esquentar o seu motor primeiro.

...OU INCOMPATIBILIDADE? CONTINUAÇÃ

3 EDUCAÇÃO SEXUAL

Não estamos falando do livro escolar de biologia, mas do que você e ele haviam aprendido sobre sexo até o dia em que se encontraram. Enquanto você estava pronta para atravessar 760 páginas (literalmente) de um romance antes de chegar ao clímax – aquele momento em que o herói e a heroína fazem um amor apaixonado – é provável que as influências literárias dele tenham sido revistas. Daquele tipo em que as fotografias de página inteira têm texto explicativo, mas é difícil que as palavras sejam a parte importante. E, enquanto você estava rindo ou chorando assistindo a um filme cor-de-rosa, ele estava com os amigos babando em cima de filme pornô. A mulher e o homem crescem cercados de influências que aumentam ainda mais a distância entre as atitudes já bem diferentes quanto ao sexo.

Hora da aula para adultos: mostre para ele fotografias, filmes, imagens, sabores, arte, música e sensações que você considera eróticos. Ele logo vai descobrir que, se prestar atenção, será capaz de um trabalho prático excelente e vai ganhar notas altas de você.

4 META

Por algum motivo, os homens estão programados para darem uma atenção muito maior ao fim do que aos meios; a meta deles é o orgasmo. Considerando que, às vezes, as garotas só querem se divertir, ou ficar abraçadinho, ou fazer massagem, ou algum outro tipo de contato que não acabe, necessariamente, em fazer amor completo e total. Você vai ter de convencê-lo de que é possível sentir prazer com o percurso, tanto quanto com o destino – use algumas das dicas das páginas 53-55 – tomando o cuidado para que a sua vida sexual traga satisfação para os dois.

Seja com palavras, movimentos, gestos ou barulhinhos excitantes, tudo é uma questão de comunicação. Afinal, o coitado precisa de alguém que cuide da sua educação: você passou o tempo todo trocando informação com as amigas e aprendendo o básico nas revistas; a conversa sobre sexo que ele teve com os amigos deve ter sido simplesmente quando e com quem.

Uma palavrinha sobre oportunidade aqui. Lembra-se de quando falamos sobre os homens chegarem aos próprios sentimentos através do sexo? Bem, quando 6ele está derretido nos seus braços, é exatamente esse o momento de dizer como foi gostoso para você e sugerir os jeitos de fazer o mundo tremer ainda mais para os dois, da próxima vez.

O desempenho sexual é uma área em que todos somos um pouco sensíveis: a preocupação do quanto sabemos fazer é um ponto em comum para homens e mulheres. Tome cuidado para que nada do que você disser ou fizer possa sugerir que ele seja um fracasso. Você pode tentar levantar o assunto do sexo, quando for possível provocar os dois. Jantando ou almoçando fora, sugira o que você gostaria que ele tentasse, chegando em casa. Ele vai ficar excitado demais pelo fato de você estar pensando em sexo, para entender os seus comentários como uma crítica.

CONVERSANDO NA CAMA

Contar para ele o que você quer não é o único meio de se expressar, existe também o modo de se comportar: as suas reações e respostas aos movimentos dele.

A HISTÓRIA DE CLARA...
Fingir é quase sempre uma péssima idéia, Clara pode confirmar isso. Durante a fase de um conhecer o outro, ela estava tão louca para agradar que não deixava os vizinhos dormirem, fingindo que gostava do modo como Jorge se agitava em cima dela.
Quanto mais ela deixou passar, mais impossível ficou de confessar que ela se sentia fria, ao fazer amor com ele. Em vez de confessar francamente que havia fingido e de se esforçar para conseguir uma vida sexual melhor, ela mentiu um pouco mais. Desta vez, ela disse que ia deixá-lo porque havia conhecido outro!

MOSTRE COMO DEIXÁ-LA EXCITADA

Dizem que 70% da comunicação é feita sem palavras, então, procure pôr algumas destas técnicas no seu currículo, para que ele saiba o que você quer sem precisar ouvir uma palestra sobre as suas necessidades.

COISINHAS EXCITANTES

1 *Comece as aulas de estudos cinematográficos. Pergunte quais filmes ele acha eróticos e diga quais você acha sensuais. Depois, enquanto estiver assistindo a uma das escolhas dele, pergunte por que é tão excitante. Faça a mesma coisa quando assistirem ao seu filme sensual, diga exatamente por que uma cena ou um desempenho são tão eróticos para você.*

2 *Sugira que vocês dois façam um curso de massagem. A lição de casa deve ser divertida para os dois e, acima de tudo, ele não vai se sentir ameaçado se descobrir com outras garotas que devagar e com delicadeza funciona e dá certo.*

3 *Em todas as pesquisas, as mulheres dizem que querem mais preliminares (se, por acaso, você quiser saber, eles dizem que querem mais variedade). Faça que as preliminares se pareçam menos com uma tarefa, transformando tudo em brincadeira: fantasie-se, pegue alguns brinquedos, faça alguma cena favorita.*

MOSTRE COMO DEIXÁ-LA EXCITADA CONTINUAÇÃO

COISINHAS EXCITANTES CONTINUAÇÃO

4 *Mostre como funciona o aparelho. Não estamos falando de eletrodomésticos aqui, mas dos toques que fazem o seu corpo vibrar de prazer. Você pode transformar tudo em brincadeira, fazendo-o se sentar todo vestido em uma cadeira, enquanto você vai mostrando exatamente onde gosta de ser tocada. Ele vai estar tão certo de que já morreu e chegou no céu, que nunca vai pensar que aquilo está sendo uma aula.*

5 *Uma variação do item 4 acima é sugerir que vocês dois ponham uma venda nos olhos, para usarem só as mãos guiando um ao outro para o que quiserem.*

6 *Às vezes, é difícil se concentrar em conseguir prazer, quando estiver ocupada dando prazer. A resposta é cada um ter a sua vez. Permita que ele seja egoísta e alcance o orgasmo, depois, ele poderá lhe dar a atenção que você merece.*

7 *Experimente o sexo como está no livro. Nas páginas 56-57, você vai encontrar alguns segredos sexuais de mulher. Só precisa deixar a página aberta em algum lugar em que ele acabe encontrando.*

8 *Faça uma lista do que é bom para você e entregue para ele com um convite para um fim de semana em um hotel, onde ele vai poder experimentar tudo. Diga para ele fazer a própria lista e levar você a algum lugar para estudar um pouquinho.*

9 *Juntos, peçam emprestado ou comprem um manual de sexo, depois, um de cada vez escolhe qual delícia do livro vão experimentar. Não existe uma regra que impeça vocês de escolherem uma técnica ou posição e ficarem repetindo várias vezes. Ele precisa ser muito tapado para não entender o recado.*

10 *Divirtam-se com faz-de-conta. Um de cada vez vai escolher uma cena excitante predileta do cinema, depois, apagar as luzes e ação! Representando! Não importa se a sua representação não for muito convincente, mesmo assim vai receber o prêmio por dar origem a um ótimo desempenho.*

VOCÊ E ELE CRESCERAM RECEBENDO INFORMAÇÕES SOBRE AMOR E SEXO DE FONTES MUITO DIFERENTES, ISSO PODE LEVAR A EXPECTATIVAS MUITO DIFERENTES.

MOSTRE A ELE O QUE FAZER

DO QUE FALAR COM ELE E O QUE MOSTRAR

SEGREDOS SENSUAIS

1 A língua é uma ferramenta poderosa. Ninguém falou em sexo oral, estamos falando de como ficamos excitadas quando um homem vem nos dizer como somos lindas e maravilhosas e que não consegue se comportar do nosso lado. Fazer com que a gente se sinta atraente é extremamente excitante, basta ser verdade.

2 Preliminares significa qualquer coisa que nos ajude a relaxar e a esquecer da vida. Bem antes do primeiro beijo, ele pode começar preparando um banho com óleos essenciais, massageando os seus ombros, ou deixando você sentada com um copo de vinho na mão na frente da lareira, enquanto ele cuida da casa. Isso é muito excitante!

3 Como precisamos relaxar, a gente odeia o homem que nos faz sentir como se estivéssemos levando muito tempo para nos excitar. Ele nunca deve deixar entender que está verificando em que ponto estamos.

4 *A fantasia de muita mulher é ser seduzida. Na verdade, nunca desistimos das histórias românticas, por isso, ficamos derretidas quando Rhett arrebata Scarlett e a carrega para a cama. Ele deveria experimentar.*

5 *Devagar vai tudo bem. Em geral, mulher leva mais tempo para ficar excitada. Em vez de ir direto para a cama, ele deveria começar tirando a sua roupa devagarzinho e olhar você se desmanchar (ou só olhar, porque, se os olhos estiverem dizendo que adoram o que estão vendo e se o toque das mãos for excitante mesmo, você vai derreter cada vez mais).*

6 *Somos muito diferentes deles e as coisas de que eles gostam, massagem enérgica e movimentos fortes, podem nos levar a subir pelas paredes. O que não é bom.*

7 *Quando estamos excitadas, é gostoso sentir a mão dele por todo lado, portanto, em vez de ir direto para o que está dentro da calcinha, ele deve procurar fazer amor com os braços, os tornozelos, atrás do pescoço, orelhas, dedos do pé. Está bem, a gente se entrega!*

8 *Experimente alguma coisa que, normalmente, não tenha matizes sexuais. Leia um pouco ou ponha uma música para suavizar e aquecer a atmosfera, antes de qualquer avanço sexual.*

9 *Para a mulher, é muito importante a atmosfera e o cenário. Se o quarto estiver uma bagunça e a cama ainda desarrumada de ontem à noite, é pouco provável que a gente passe da primeira fase.*

10 *Ao final de um dia aborrecido, fazer amor pode parecer mais trabalho duro. Mas estamos sempre prontas para uma massagem nos pés ou nas costas... e quem sabe onde isso pode chegar?*

Não é segredo, saber que está excitando você é muito excitante para ele: homem tem medo de não ser bom o suficiente. Sim, alguns deles falam como se fossem o melhor amante do mundo, mas, bem no fundo, os homens têm medo de não corresponder às suas expectativas.

Você já deve ter ouvido aquela piada que diz que a mulher só precisa de um bom amante para sair da concha. É claro que isso não é verdade, mas revela quanto sentem os homens o ônus da responsabilidade pelo sucesso da relação sexual.

É por isso que, ao ajudá-lo a conhecer mais o seu corpo, é um erro fazer críticas ou comparações. A competição é inevitável entre os homens e acontece o tempo todo. É difícil serem honestos o suficiente com os amigos para descobrir se, realmente, todos têm os mesmos medos e as mesmas dúvidas. Se lhe der a impressão de que o seu último namorado era melhor do que ele, esteja preparada para o sumiço.

Isso pode significar que você não deverá dizer toda a verdade, nem mesmo deixar perceber que você seja uma perita no assunto (se, realmente, esse for o caso). Ele vai achar que, quanto mais experiência você tiver, maiores serão as probabilidades de ele não conseguir alcançar o nível dos seus antigos namorados.

Faça com que ele pense que é um deus do sexo, assim, vai continuar procurando levar você ao paraíso… até chegar o ponto quando você vai perceber que, graças a toda a sua ajuda, ele realmente se tornou um deus do sexo!

O PARAÍSO É LINDO PARA OS DOIS

Como o homem se concentra no objetivo, a coisa mais excitante que existe para ele é ver e sentir que está deixando você excitada.

A HISTÓRIA DE KÁTIA

Foram realmente excitantes as primeiras vezes que Kátia foi à casa de João para uma sessão de muito sexo. Ela nunca havia feito sexo assim, com um homem realmente em forma e orgulhoso disso. Mas não demorou muito para o êxtase virar exaustão, quando ela tentou e não conseguiu manter o ritmo do atleta. Depois de uma particularmente longa e tortuosa seqüência de exercícios no chão, na barra e de ponta cabeça, Kátia decidiu que João, na verdade, era o diminutivo de ginástica. E como, na verdade, ela nunca havia gostado de educação física na escola e nem tinha intenção de entrar para uma academia para fazer ginástica, decidiu que estava na hora de parar.

Relacionamentos saudáveis são aqueles em que os dois se sentem realizados. Portanto, use o que aprendeu sobre a sexualidade masculina para levá-lo ao paraíso também. Nos negócios, isso é chamado de incentivo, mas nós chamamos simplesmente de saber fazer amor.

COMO DOMESTICAR A FERA

DANDO O BOM QUE VOCÊ RECEBE...

1 *A maioria dos homens adora receber sexo oral. Se você gosta, aprenda a fazer, porque é o tipo de sexo para qualquer hora e para qualquer lugar.*

2 *Faça uma surpresa para ele: lembram-se de que eles disseram que adoram variedade? Se sempre fizer na cama, vai acabar se tornando repetitivo. Leve-o para um passeio fora de casa e fique bem perto de uma árvore, ou de uma duna, ou do capô do carro, algum lugar em que o perigo de serem pegos dê um toque de emoção ao que vão fazer.*

3 *Fale que ele é muito sensual. Exatamente como você, ele quer ser desejado. Ao saber que você o deseja, ele quer você ainda mais.*

4 *Esta é já meio um clichê, mas, nas pesquisas, os homens dizem que adoram se olhar quando estão transando. Está na hora de lustrar e posicionar o espelho. Às vezes, os clichês funcionam.*

5 *Tenha um orgasmo. Lembre-se de que, para ele, o que importa é o objetivo. Fazer você chegar ao orgasmo é um gol de placa que decide a partida.*

6 *Deixe que ele dê uma rapidinha, de vez em quando. Você pode não estar com vontade, mas é um jeito lindo de mostrar que pensa nas necessidades sexuais dele e um sexo rápido e furioso pode ser excitante, quando vir o tesão que ele sente por você.*

7 *É para acordar? Use um jeito diferente. É uma tristeza desperdiçar aquela dureza todo dia logo cedo. Sem dúvida, começar o dia com um orgasmo grandioso é bem melhor do que um café da manhã colonial.*

CONTE

COMIGO

INDEPENDÊNCIA É UMA COISA, SOLIDÃO É OUTRA. NÃO IMPORTA QUANTA CONFIANÇA VOCÊ TENHA EM SI PRÓPRIA, NEM SE VOCÊ ESTÁ MUITO BEM SOZINHA, TODO MUNDO PRECISA DE ALGUÉM DO LADO NA CAMINHADA PELAS ALEGRIAS E PELAS DIFICULDADES DA VIDA, PARA DAR APOIO PRÁTICO E EMOCIONAL E ÀS VEZES, SÓ PARA ESTAR JUNTO. O PROBLEMA É QUE "APOIO" TEM SIGNIFICADOS DIFERENTES DE UMA PESSOA PARA OUTRA. É COMO QUANDO VOCÊ QUER UM APOIO E ELE CRITICA, SÓ PARA "AJUDAR", OU QUANDO VOCÊ PEDE PARA FICAR AO SEU LADO E, DE REPENTE, ELE ESTÁ DO SEU LADO O TEMPO TODO, QUER VOCÊ QUEIRA OU NÃO. SEJA QUERENDO UM ABRAÇO DE BOA SORTE, OU UMA SUPER SESSÃO DE TERAPIA, COMPREENDER COMO ELE FUNCIONA É O MODO MAIS EFICAZ DE TER CERTEZA DE QUE VOCÊ SEMPRE VAI CONSEGUIR O QUE QUER DO SEU HOMEM.

DIFERENÇAS ENORMES

Antigamente, o homem só precisava trazer um urso para casa para não morrermos de fome. Os tempos mudaram, mas os homens continuam codificados do mesmo modo.

Hoje em dia, a mulher compra a própria comida na loja e ganha o dinheiro para pagar. O que queremos dos homens da nossa vida ficou um pouco mais complicado: amor, afeição, aprovação, apoio, compreensão, humor, diversão e a sensibilidade de saber qual dessas características queremos e quando.

É um pedido difícil para qualquer um, particularmente para aqueles que, no fundo, são de constituição ainda bastante moldada por essa história de caça ao urso.

Muitas das coisas que atrapalham sua busca para conseguir o que quer derivam do fato de que os papéis dos homens e das mulheres no mundo desenvolveram-se de modo diferente.

Portanto, você tem dois caminhos. Pode sorrir e agüentar o fato de que ele nunca sabe quando a abraçar, nunca se lembra dos aniversário de vocês e parece dizer sempre a palavra errada, quando diz alguma coisa.

Ou ver essas diferenças como um ponto de partida, de modo que você vai conseguir o que quer jogando com os pontos fortes dele, em vez de determinar que ele vá fracassar e de preparar o terreno para se sentir abandonada.

A HISTÓRIA DE BÁRBARA...

Nenhuma das amigas conseguia acreditar, quando Bárbara começou a sair com Walter. Ela é elétrica, o centro nervoso de tudo o que acontece, conversa, pergunta, quer descobrir tudo. Enquanto Walter é tão tímido que levou semanas para falar com elas diretamente. Uma das amigas de Bárbara abriu o jogo e perguntou logo se ele era diferente, quando os dois estavam sozinhos. "Não", disse Bárbara, "mas nunca estive com alguém com quem me sinta tão segura nem que mostre com tanta clareza que me ama. Com o tempo, percebi que, por ser tão quieto, Walter me dá espaço para eu ser autêntica."

Compreender algumas das diferenças fundamentais entre o jeito feminino e o masculino de pensar é um bom modo de evitar mal-entendidos.

ATENÇÃO AOS DETALHES, POR FAVOR

A HISTÓRIA DE MARIA

Durante os seis anos que estava com Daniel, Maria odiou por ele se esquecer de todas as datas importantes. Era ela quem se lembrava de mandar presente de aniversário para os amigos, ligar para os parentes doentes e reservar a mesa no restaurante favorito, quando era aniversário deles.

Toda vez que isso acontecia, a briga era mais feia, porque, na opinião de Maria, a incapacidade de Daniel de se lembrar dos dias especiais queria dizer que não era importantes para ele. Se ele a amasse, veria que eram importantes para ela e participaria.

Por outro lado, Daniel achava que, por saber que ele era ruim de lembrar eventos cotidianos, Maria preparava armadilhas para ele: em vez de lembrá-lo das datas importantes, ela ficava à espreita, pronta para malhar, quando ele se esquecia delas.

Infelizmente, há milhões de Daniéis e de Marias aborrecendo-se uns com os outros a cada dia. Porque a maioria dos homens não se sai muito bem com detalhes, ao contrário da maioria das mulheres.

É por isso que ele pega a primeira gravata que vê, quando abre o armário, mesmo que, com as listas laranja florescente sobre a camisa verde, ele fique parecendo um semáforo. Por outro lado, você, depois de vestir um conjunto feito sob medida, passa horas escolhendo a bolsa, o sapato e o brinco que combine.

Quando ele ia caçar animais selvagens para o jantar, era só nisso que precisava pensar. Enquanto isso, você estava pegando lenha para o fogo, cuidando das crianças e dos animais domésticos, colhendo alimento para o caso de ele voltar para casa de mãos vazias e vendo outras coisinhas "pequenas", que tornam a vida mais agradável para todo mundo.

ATENÇÃO AOS DETALHES, POR FAVOR
CONTINUAÇÃO

PRESTE ATENÇÃO...

Você precisa que ele preste atenção nas coisinhas pequenas, para se sentir apreciada. Os gestos a seguir são do tipo que mudam toda a situação.

1. *Lembrar-se de quando alguma coisa importante estiver acontecendo na sua vida e perguntar a respeito.*
2. *Mandar flores para o seu escritório ou lhe dar presentinhos pelo aniversário de vocês ou só para agradecer que você exista.*
3. *Dizer que a ama todos os dias, em vez de dizer quase nunca, como se fosse um gesto grandioso.*
4. *Notar quando você corta o cabelo ou passou a tarde toda trocando de lugar os quadros na parede ou os livros na estande.*

Agora que você pensou em tudo de que precisa, ajude-o a fazer certo as coisas que são importantes para você.

Não se ofenda, se ele esquece alguma coisa, é só porque não consegue evitar.

Mesmo sendo uma mulher brilhante, é improvável que consiga reconfigurar o DNA dele nesta vida. Em vez disso, ajude-o a entender a sua configuração e as suas prioridades, com as seguintes técnicas.

COISAS GRANDES, COISINHAS PEQUENAS...

1 *Pegue um calendário bem grande, ou compartilhem as suas agendas pelo computador. Uma vez por semana, achem tempo para se sentar e anotar todas as datas importantes e os compromissos.*

2 *Mostre para ele a alegria das coisinhas pequenas. Mande-lhe flores de vez em quando, ponha bilhetinhos apaixonados no bolso dele, mande um poema por e-mail, ou se arrume para jantar em casa. Desde que nascemos, aprendemos pelo exemplo. Na escola feminina de administração masculina, estas são as aulas práticas. Com o tempo, ele vai assimilar.*

3 *Diga o que é importante para você, não deixe para ele adivinhar. Quando já souber que vai ficar sentida, se ele se esquecer de uma data importante, avise com antecedência (de um jeito agradável, não implicante) e dê uma idéia de como está entusiasmada com o fato, para ele não se desapontar.*

Como todo homem, o seu é programado para fazer uma coisa, ou pensar em uma coisa por vez, diferente da mulher, para quem fazer mil coisas é tão natural quanto respirar.

ELE TEM UMA COISA EM MENTE

Bem, fora sexo, claro. Devido à sua configuração, para o homem, é difícil se concentrar em mais de uma coisa por vez. É por isso que fica furioso, se você nota que as plantas precisam de água, enquanto estão namorando.

Isso é maravilhoso, na cama, recebendo toda a atenção dele, mas é também a receita certa para um impasse sério, se você passou horas se arrumando para sair e ele ainda está com o capô do carro aberto, remexendo no motor, tentando conectar dois cabos, esquecido da hora.

Ou você quer falar do dia terrível que teve e ele está assistindo ao jogo. Se você só conseguir ouvir um resmungo, não quer dizer que ele gosta de futebol americano mais do que você. Significa que é diferente de você e não consegue falar ao telefone, pintar as unhas e ficar de olho na telenovela, tudo ao mesmo tempo.

ESTAR JUNTOS...

Você pode querer uma ajuda para tirar o papel de parede, ou um ouvido para desabafar. Facilite as coisas para ele, dando oportunidade para enfocar no que você precisa.

1. *Se estiver ocupadíssimo com alguma coisa, diga que quer marcar uma hora juntos, assim que ele acabar.*

2. *No começo ou no fim de cada dia, faça questão de se sentarem juntos, com um café ou uma taça de vinho, para um contar ao outro da vida. Nada é tão importante que não possa esperar 10 minutos.*

3. *Continue com os encontros. Mesmo estando juntos, marque encontro para realmente ficar um pouco com o seu companheiro, não é só estar no mesmo ambiente da casa.*

4. *Quando marcar compromissos na agenda, a cada semana, pense se quer reservar horas para fazer outras coisas, que você possa precisar dele, ou ele de você.*

Já pensou que o motivo para o cachorro ser o melhor amigo do homem é ele nunca diz: "Precisamos ter uma conversa"?

FALE UM POUCO MENOS, FAÇA UM POUCO MAIS

De todas as diferenças que dividem os sexos, a fala é a mais complicada. Mulher adora: é o nosso modo de se conectar com as pessoas e com o mundo todo. Se temos algum problema, ou estamos tristes, preocupadas, atrapalhadas, magoadas, infelizes, apaixonadas, queremos conversar e contar tudo para quem gostamos.

Não só para o homem da sua vida. Dentre as coisas impossíveis de ser vistas, está um grupo de homens, em uma noite só de rapazes, discutindo se a última separação de casal famoso foi porque ele

queria filhos e ela não. E também um pedir conselho ao outro, perguntando se está na hora de ir morar com a última namorada.

O seu homem está configurado para atos e não palavras. Tenho certeza de que ele não entende o seu hábito de "pensar alto". Quanto a ele, se você fala alguma coisa, quer dizer exatamente aquilo. Por esse motivo, é provável que ele entenda as suas palavras exatamente como você disse, estivesse falando a sério ou não. E ele vai querer achar a solução, mesmo quando você só está querendo partilhar uma preocupação: na opinião dele, se as palavras não levam à ação, então, são inúteis.

Na sua opinião, conversar um com o outro resulta em aproximação, é partilhar com ele o que você partilha com as suas amigas. Na cabeça dele, o alarme dispara. Se ele disser a coisa errada, ou, ao menos, disser a coisa errada para aquele momento, você vai ficar furiosa. Afinal, em um dia comum, você pratica o uso das palavras o dobro do que ele. Estima-se que a mulher média fale diariamente cerca de 23 mil palavras, enquanto o homem médio usa a metade, somente 12 mil.

FALE UM POUCO MENOS, FAÇA UM POUCO MAIS CONTINUAÇÃO

Se conversar e ouvir é o que você quer, faça tudo do modo menos ameaçador possível. Acostume-se a fazê-lo falar sem anunciar aos quatro ventos que é isso que estão fazendo: durante o jantar, quem sabe, ou quando saírem para dar uma volta a pé. Desse modo, ele vai associar a conversa a horas muito agradáveis juntos.

Às vezes, você vai precisar que ele a ouça ou que se abra, por causa de alguma coisa que esteja acontecendo na sua vida. Não deixe a peteca cair, pedindo um conselho para alguma coisa: lembre-se de que ele fica mais à vontade resolvendo problemas e, como estão conversando, a atenção dele já está em você. Ou satisfaça o desejo dele de agir e sugira que massageie os seus ombros, ou que fique abraçado, enquanto você conta tudo.

É evidente que nem toda comunicação inclui conversar. O tempo todo passado trabalhando com as outras mulheres na caverna fez de você uma perita em saber o que os outros estão pensando ou sentindo, por intuição. Por instinto, você sabe quando uma amiga está deprimida, como também sabe a coisa certa para dizer ou fazer para dar apoio, se ela estiver se sentindo deprimida ou tendo de resolver um problema. Mas é quase certo que o seu homem não tem esse sexto sentido.

É vital que você esteja consciente dessa lacuna gritante no material de comunicação dele, para conseguir obter o apoio prático e emocional que deseja. Ele não conhece os seus desejos (pode ser massagem nas costas, longa sessão romântica, ou mesmo um elogio para a roupa que está usando): se quiser alguma coisa dele, terá de dizer, sendo direta e deixando bem claro. É quase certo que terá de dizer mais de uma vez.

A HISTÓRIA DE ROSA...

Rosa e Zé estavam a ponto de se separar, quando Rosa percebeu que o que havia mudado entre os dois é que não davam mais atenção um para o outro. Quando estavam namorando, as horas que passavam perto eram feitas só de ouvir, contar coisas e se divertir. Quando foram morar juntos, as conversas se limitaram às coisas práticas. A única coisa que partilhavam era o sofá e olhavam só para a TV, não um para o outro. O botão de desligar a TV e um pouco de terapia os ajudaram a recuperar a percepção mutua.

O GUIA PARA A MULHER PEDIR O QUE ELA QUER

Ele não pode adivinhar o que você quer, nem do que você precisa. Você vai ter de contar. Com os itens a seguir, vai conseguir falar tudo e será bem-sucedida.

A sua intuição significa que, com quase toda certeza, você entende o segundo sentido que há – caso haja – nas palavras das suas amigas. Mas pode estar cometendo um erro, se quiser entender além do que ele estiver dizendo. Homem é literal. De cada dez palavras, nove significam exatamente o que ele estiver falando e só.

Esse é só um exemplo das muitas maneiras como mulheres e homens podem acabar se entendendo mal. Na hora de conseguir o que quer, "em Roma, aja como os romanos". Fale com ele usando clareza e honestidade, aproveitando das regras da página a seguir, e terá muito mais chances de ser bem-sucedida.

RECEITA PARA O SUCESSO

1 *Seja clara. A mente de trilha única dele não consegue captar sugestões, portanto, não há motivo para ficar com rodeios e não ir direto ao que quer. "Estou tão cansada. Você poderia arrumar as coisas hoje?" Esse é um pedido perfeitamente razoável e é provável que consiga resultados melhores do que uma hora de suspiros fundos querendo dizer o quanto você tem de fazer, antes de poder ir se deitar.*

2 *Seja positiva. Se for possível, concentre-se no que quer, em vez daquilo que não quer, e no que ele tem de bom, em vez dos pontos fracos. Ele pode ser incapaz de reconhecer quando você estiver precisando só de um abraço reconfortante. Mas você vai descobrir que ele sabe abraçar como ninguém, assim que disser do que está precisando.*

3 *Use bem as oportunidades. Não é uma boa idéia tentar discutir grandes temas, quando você estiver aborrecida com ele, ou com você mesma. É evidente, quem quer que tenha dito para não dormir sem resolver uma discussão não entendeu o poder do sono para suavizar algumas diferenças e trazer uma nova perspectiva para problemas que parecem enormes, no meio da noite. É também mais fácil achar uma solução, quando os dois estão calmos.*

4 *Seja justa. Todos adoramos dar, mas, às vezes, é bom receber. Lembre-se, ele não teve a sorte de ler este livro, portanto, conforme você for ficando cada vez mais uma especialista em domesticá-lo, não se esqueça de que ele também tem as suas necessidades!*

5 *Seja honesta. Nem sempre é fácil para a mulher ser confiante. Em vez disso, damos uma volta enorme procurando justificar o que estamos pedindo. Você não precisa justificar nem precisa explicar nada além de dizer a simples verdade que, quando pede alguma coisa, é porque aquilo vai deixá-la feliz. Quando gostamos de alguém, é um prazer deixar a pessoa contente. Isso é normal e está certo.*

Conseguir o que você quer pode ser uma brincadeira e um prazer para os dois, com o benefício extra de que vão aprender muito um sobre o outro.

BRINCADEIRAS

Até o melhor dos relacionamentos pode cair na rotina rapidamente. Um dia, você percebe que devia ter sido logo honesta, quanto ao que gosta e não gosta. Não caia na armadilha: pode ser muito divertido um ensinar ao outro o que quer, sem ninguém se sentir atacado, por não ter conseguido alcançar as expectativas. A brincadeira da lista de desejos dá a oportunidade de um contar para o outro, exatamente, o que entende por apoio prático e emocional, as coisas que vão merecer os pontos mais altos para os dois.

FELIZ ANIVERSÁRIO

No próximo aniversário, seja dele ou seu, sugira um tipo diferente de presente. Cada um pega um papel e faz uma lista das coisas que deseja do outro. É preciso ser prático: é evidente que quer o amor dele, mas o que quer que ele faça para demonstrar o amor por você?

Decidam quanto ao número máximo, que fique entre 10 e 20. Em si, cada item é uma coisinha pequena, mas juntos fazem uma diferença enorme em como você se sente. Depois, pendure as listas onde os dois possam ver e deixe um bilhetinho sempre que o seu companheiro fizer alguma coisa que conste na lista. No fim da semana, some os pontos e combinem um prêmio para quem fizer mais: uma noite de prazer com serviço completo, quem sabe?

NA VERDADE, O QUE EU QUERO MESMO É...

A seguir, algumas idéias para ajudá-los a começar. A lista "dela" é a da esquerda e a "dele" é a da direita. Lembre-se de que isso deve ser divertido. Não é uma sessão de "troco", nem a oportunidade para um dos dois virar para o outro e dizer "você nunca faz nada por mim".

Você me trazer o café na cama	*Você me deixar ler o caderno esportivo*
Você dizer que me ama	*Você dizer que me ama*
Um abraço	*Você começar o sexo*
Você notar o que estou usando	*Você me dar um tempo, quando chego em casa*
Você olhar para mim, quando fazemos amor	*Você usar roupa íntima sensual*
Você se lembrar do nome das minhas amigas	*Eu sair com os meus amigos sem me sentir culpado*

HOMEM SABE QUE FALAR NÃO É UM DOS SEUS PONTOS FORTES, INVENTE BRINCADEIRAS QUE VÃO DIMINUIR A SUA RELUTÂNCIA EM SE ARRISCAR E ESTIMULE-O A DIZER O QUE ESTIVER PENSANDO.

MUITOS CUIDADOS, MUITAS RECOMPENSAS

Os relacionamentos dão certo quando as duas pessoas envolvidas aceitam que o amor, a amizade e o apoio que obtêm valem muito mais do que o esforço despendido.

Entre eles, os homens gostam de fazer de conta que queremos demais deles. É por isso que compram algemas e fazem piada sobre prisão perpétua.

Se contar demais com eles, vão se desmanchar como pudim mal cozido e deixar uma sujeira melequenta ali no lugar onde você achou que havia um homem.

(Isso também pode acontecer ao contrário. Se achar que está necessitado demais e pensa que você vai conseguir consertar a vida para ele, você pode acabar resolvendo que prefere guardar as energias para outro homem.)

Usar as técnicas que vimos deverá evitar que aconteça um desastre com você e ele vai ficar seguro de que existe um futuro para vocês juntos, porque os dois estão conseguindo o que querem. Já estão bem crescidos para saber que são dois indivíduos, mas também para reconhecer que podem ficar ainda mais juntos, do melhor modo possível, em um relacionamento saudável e de amor.

Qualquer relacionamento que valha a pena exige muitos cuidados, mas a recompensa é imensa, levando-os a viver um futuro repleto de amor e amizade.

A HISTÓRIA DE ELISA

Uma das coisas em Elisa que atraíram Caio foi o senso de aventura. Mesmo assim, ele não demorou a se ressentir dos fins de semana em que ela saía com os amigos para a escalada na rocha. Caio disse que, se Elisa o amasse, não iria querer passar tanto tempo longe dele, nem deixá-lo preocupado, esperando que ela voltasse sã e salva. Apesar de Elisa ter pendurado o equipamento de montanhismo por algum tempo, ela acabou vendo que amar não significa sufocar. No final, quem morreu foi o relacionamento.

A ADMINISTRAÇÃO

DAS FINANÇAS DELE

A NOITE FOI FANTÁSTICA, UM JANTAR COM LAGOSTA E CHAMPANHE. AGORA, A VIBRAÇÃO ENTRE VOCÊS ESTÁ TÃO INTENSA, QUE NA SUA CABEÇA PASSAM MUITO MAIS COISAS PARA SOBREMESA DO QUE SÓ O DOCE. ENTÃO, O SEU ACOMPANHANTE PEDE A CONTA E VOCÊ ESTREMECE DE ANSIEDADE. NÃO É PREOCUPAÇÃO COM A HORA EM QUE VÃO CHEGAR NO QUARTO. VOCÊ ESTÁ PENSANDO É EM DINHEIRO: ELE ESPERA QUE VOCÊ PAGUE, OU VAI SE OFENDER SE VOCÊ OFERECER? SERÁ QUE O SEU DINHEIRO VAI DAR PARA DIVIDIR A CONTA? OU, COMO FOI VOCÊ QUEM FEZ O CONVITE, ELE VAI TOMAR POR CERTO QUE VOCÊ VAI PAGAR TUDO? EM UMA ÉPOCA ONDE PRATICAMENTE NÃO EXISTE TEMA PROIBIDO PARA DISCUTIR COM AMIGOS E COLEGAS, DINHEIRO PERMANECE UM GRANDE TABU. ISSO VAI DIFICULTAR AINDA MAIS VOCÊ A AJUDÁ-LO A ADMINISTRAR OS ASSUNTOS FINANCEIROS

Há mulheres que acham que o tabu do dinheiro funciona como uma maravilha em favor delas, como demonstra a história de Carla, na página ao lado. Mas a verdade é que, desde o dia em que ficaram juntos, para Carla ficou certo que tinha tanto direito de gastar o dinheiro de Fábio quanto o dela. Se estavam prestes a partilhar o lar, a cama e o futuro, sem dúvida também iam partilhar o dinheiro. Não dividir os fundos dele seria como dizer que dinheiro era mais importante do que amor, compromisso e confiança, em outras palavras, as coisas que realmente são as mais importantes em um relacionamento.

Pode ser que nenhum casal sem filhos realmente precise de um jogo completo de toalhas limpas todos os dias da semana, seis tipos de vela perfumada em cada ambiente da casa e mais originais na parede do que qualquer galeria de arte.

Mas comprar deixa Carla feliz e, se ela estiver feliz, Fábio estará também. Ele adora chegar em casa e encontrar uma esposa animada, louca para partilhar com ele o prazer da última aquisição que "eles" fizeram. Emoção, prazer e aprovação têm resultado melhor do que afrodisíaco, no que diz respeito ao amor. Assim, a chegada dele em casa é sempre especial para os dois.

Carla nunca pensou em reclamar das ausências de Fábio, porque, na opinião dela, a vida é uma combinação perfeita de homem, sexo e compras. E, quanto mais satisfeita ela estiver, mais os seus sentimentos se concentram em Fábio e mais boa vontade existe em relação ao relacionamento.

O DINHEIRO DELE E O AMOR DELA

Você pode saber tudo mesmo sobre o seu homem, mas continuar se sentindo incapaz de fazer as perguntas de fundamentais sobre dinheiro.

A HISTÓRIA DE CARLA

Fábio, o companheiro de Carla, está mantendo um estilo de vida fabuloso para ela e nada diz a respeito. Ele ganha, ela gasta. Muito simples. Fábio trabalha direto três semanas, em um campo de petróleo, onde não existe nada para comprar, e folga uma semana. O argumento de Carla para sair e gastar profusamente em coisas para a casa e em antiguidades é ser esse o jeito dela de compensar pela ausência dele e de cuidar para que ele encontre um palácio, quando volta. Ela diria que o dinheiro é dos dois e que não gasta consigo mesma, mas simplesmente para tornar a vida mais confortável para os dois.

DINHEIRO

Em vez de se sentir controlada pelo dinheiro, você precisa controlá-lo. Para isso, é preciso entender as suas próprias atitudes com o dinheiro e qual é origem delas.

Antes de seguir adiante, vamos só deixar claro que, para a maioria de nós, Fábio é uma criatura tão rara quanto uma nota de um milhão de reais. É (relativamente) fácil ficar tranqüilo quanto a partilhar o próprio dinheiro, quando se tem tanto que um carregamento de Chanel Nº. 5 não vai fazer nem bip no radar do seu administrador bancário. Se você encontrar um multimilionário, seja como Carla e beije o seu cavalo dado na boca, em vez de olhar os dentes. Para a grande maioria de nós, o relacionamento com dinheiro é tão complicado quanto o relacionamento com as pessoas. Ficamos preocupados achando que temos pouco demais (mesmo quando temos o suficiente), sentimos medo de, em vez de controlá-lo, ser ele quem nos controle e odiamos ter de pensar nisso.

E VOCÊ?

1. *Você é do tipo de mulher que adora se sentir financeiramente independente e sempre quer pagar pelo que usa?*

2. *Age assim porque é o justo, por princípio de feminista de carteirinha, ou age assim com relutância, mesmo quando não pode pagar, para evitar que ele pense que é uma aproveitadora, ou que pode comprá-la?*

3. *Você é uma Carla, feliz com o fato de que o que é dele seja seu (e o que é seu é seu também), totalmente confortável com ele pagando a maioria das contas, porque ganha mais do que você?*

4. *Você está simplesmente agindo como sempre se agiu na sua casa? Ou você acha que ele deva pagar, porque você acredita que as muitas coisas que você faz pelo relacionamento equilibram as contas?*

O que você e o seu homem sentem com relação ao dinheiro é quase certo que vai depender de quanto têm, quanto as suas famílias tinham e qual era a delas atitude com relação a ele, além de todos os altos e baixos que você teve com dinheiro na vida.

Antes de cuidar das questões do dinheiro, procure entender de onde você vem.

Faça um desafio a si mesma com alguns desses problemas comuns às mulheres, para ver se as suas atitudes poderiam estar impedindo que os seus relacionamentos sejam saudáveis, ricos e honestos.

AS MULHERES E O DINHEIRO

VOCÊ É ASSIM OU NÃO É?

1. *Você mente às pessoas sobre o preço de alguma coisa? Chega até a mentir para si mesma sobre quanto realmente gastou?*
2. *Se for assim, qual é o motivo: constrangimento, culpa ou melindre por saber que os outros não têm muito dinheiro?*
3. *Você já escondeu o seu extrato do banco ou do cartão de crédito das suas pessoas mais queridas e próximas? E por quê?*
4. *Você enfia os extratos do banco em uma gaveta sem olhar, com medo de más notícias?*

5 *Às vezes, você faz compras e, apesar de estar totalmente sem dinheiro, volta carregada de sacolas mesmo assim?*

6 *Você se sente no dever de se desculpar, se não comprar a marca mais barata do produto de que está precisando?*

7 *Pense nos seus outros namorados: quanto você sabia do salário, da conta bancária e das questões financeiras deles? (Antes de dizer "muito", compare com o que sabia das ex-namoradas, da comida favorita ou do número que calçavam.)*

8 *Alguma vez você contou essas coisas para algum dos namorados da sua vida? E para o atual?*

Se alguma das perguntas deixá-la pouco à vontade pela questão do dinheiro, você está em boa companhia. Só há um par de gerações que nós, mulheres, temos as nossas contas no banco (e os cartões de crédito há menos tempo ainda!).

Além de estarmos precisando correr para recuperar o tempo perdido, também temos muita culpa para tirar dos ombros. É bem provável que a sua bisavó tivesse de pedir ao marido cada centavo que quisesse gastar. Por isso, nunca se sentiu confortável gastando consigo mesma.

A outra coisa que nos faz sentir culpadas, quando gastamos dinheiro, é uma auto-estima um pouco abalada. Você ia adorar aquelas botas pretas justinhas, mas isso significa agradar a si mesma. Como você não acredita muito que mereça, no minuto em que esbanja, sente-se mais culpada ainda.

OS HOMENS E O DINHEIRO

Não é fácil generalizar quanto às atitudes masculinas no que se refere ao que guardam no bolso de trás da calça, porque podem estar tão confusos quanto nós. Mas todos vivemos em um mundo onde o que uma pessoa ganha, muitas vezes, parece contar mais do que aquilo que a pessoa é.

O modo do empregador mostrar que alguém está trabalhando muito bem é oferecer mais dinheiro. As suas amigas vão medir os sentimentos dele pelo tamanho da pedra no seu dedo, em vez do que ele escreveu no cartão que veio com o presente. E apesar de os outros convidados da festa serem educados demais para perguntar diretamente "quanto você ganha?", pode apostar tudo o que tem como vão notar todas as etiquetas denunciadoras, na sua roupa ou no sapato, ou ficar de olho no carro que você dirige.

Com o seu jeito de ser na vida de cuidar de uma coisa por vez, os homens estão inclinados a acreditar nessa filosofia de que "riqueza significa valor" mais do que as mulheres. Sem rodeios, a etiqueta com o preço é o modo para eles saberem o valor das coisas.

Mesmo se não for enganado pelas etiquetas de preço, as suas atitudes podem ser moldadas pelo passado. Ele herdou dos ancestrais a necessidade de competir pelas riquezas. Quando era realmente o caso de sobreviver somente o mais preparado, ele precisava ter uma vantagem sobre os outros machos. Desde que, quando adolescente, no vestiário, comparava o seu tamanho com o dos outros, ele sempre quis ser maior, mais inteligente, mais rápido e mais rico do que aquele que estivesse do lado.

As nossas atitudes diferentes com o dinheiro, intensificadas pelo tabu imposto pela sociedade sobre "conversar sobre dinheiro", são a receita certa para o mal-entendido. Você vê o dinheiro como um modo de provar que vale alguma coisa, portanto, quando estão juntos, se ele guarda o cartão de crédito sob sete chaves, você vai acabar achando que ele discorda.

Enquanto isso, o seu desejo de aliviá-lo de qualquer dinheiro extra começa a minar as tentativas de acumular mais do que o outro do lado (e do que o outro mais longe também).

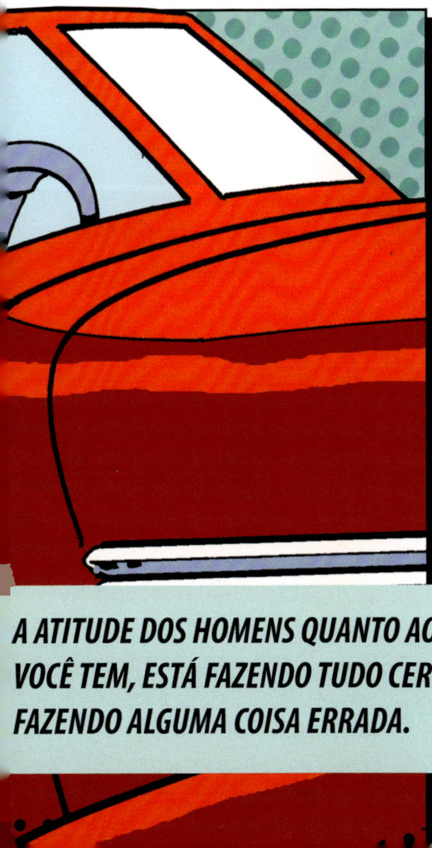

A ATITUDE DOS HOMENS QUANTO AO DINHEIRO É FÁCIL DE ENTENDER. SE VOCÊ TEM, ESTÁ FAZENDO TUDO CERTO, SE NÃO TIVER MUITO, DEVE ESTAR FAZENDO ALGUMA COISA ERRADA.

FAZENDO A CONTABILIDADE

Amor, compromisso e confiança podem ser as pedras fundamentais de um bom relacionamento, mas a maioria dos casais discute sobre dinheiro e, acima de qualquer outra coisa, é o dinheiro que vai causar o fim do relacionamento.

Pode não parecer romântico, mas ser correto quanto ao dinheiro, desde o início, deveria evitar alguns desentendimentos e assegurar que o mal nunca esteja ali.

Sem dúvida, você não quer que uma culpa inapropriada impeça a chegada a acertos sensatos, em que os dois fiquem satisfeitos, nem tampouco que a desonestidade e a desconfiança transforme o controle dos fundos em um jogo de poder entre os dois.

De acordo com um grupo muito importante de aconselhamento para relacionamentos, cerca de 70% dos casais discute sobre dinheiro: muito mais do que sobre qualquer outro tópico.

Portanto, deixe de lado investir dinheiro, em vez disso, invista tempo e energia para ajudá-lo a entender de onde você vem, no que diz respeito a dinheiro, e leve em conta as atitudes dele. Desse modo, existe uma grande chance de você encontrar um acerto financeiro que seja bom para os dois.

Se ele estiver ganhando muito mais do que você, é justo que pague mais. Do mesmo modo que, se for você quem estiver ganhando bem, vai querer partilhar um pouco dos mimos com ele. Também pode, por outro lado, combinar que cada um se limite ao próprio bolso, dividindo ao meio tudo o que fizerem ou comprarem juntos.

A HISTÓRIA DE ANA

O dinheiro causou mais brigas do que qualquer outra coisa no relacionamento tempestuoso de Ana e Ricardo. Depois de ir morar com ela, ele se recusou a pagar a parte dele, afirmando que ela estaria pagando aluguel e contas, estando ele ali ou não. Depois de ser finalmente expulso pela Ana, chegou a hora do troco. Como não ia se recuperar do prejuízo sofrido de jeito nenhum, ela conseguiu que o tribunal decidisse que ele teria de pagar alimentos mensais para compensar o custo de manutenção de um gato que haviam comprado juntos. Miau!

Não importa a origem de vocês dois, vai ver que, se forem honestos quanto às atitudes em referência ao dinheiro e à capacidade de administrá-lo desde o início, haverá menos motivo para discussão.

UM DEVE PEDIR AO OUTRO QUE FALE DA PRÓPRIA SITUAÇÃO

Não é necessário fazer com que pareça uma entrevista com o gerente do banco. Todas as perguntas na página ao lado vão ajudar um a entender o outro e podem ser entremeadas em uma conversa (agora que aprendeu a fazê-lo falar). Nunca se sabe, talvez até seja divertido descobrir se você são compatíveis quanto ao dinheiro, ou se estão zilhões de quilômetros financeiros distantes. Façam as perguntas a seguir um para o outro e respondam com honestidade e independência. Procure não se deixar influenciar pelas respostas dele, quando estiver pensando nas suas.

ANÁLISE FINANCEIRA

1. *Se você perder o emprego, quais são as três coisas que vai deixar de fazer?*
2. *Se ganhar na loteria, o que vai fazer com o dinheiro?*
3. *Você gosta de ter poupança?*
4. *Se gostar, para que está poupando?*
5. *Quantos cartões de crédito você tem?*
6. *É normal ter débito? É normal usar o limite do cheque especial?*
7. *Você sempre sabe quanto dinheiro tem na conta corrente?*
8. *Se você fosse o seu chefe, quanto seria o seu salário (honestamente)?*
9. *Você se programa todos os meses, para ter certeza de que vai viver dentro das suas posses?*

CONTROLE DE CRÉDITO

Tino comercial não é só uma questão de entender o dinheiro e como ele funciona, é também entender o seu homem e com isso vai ajudá-la a acertar na sorte grande de vez em quando.

Com um pouco de sorte, trabalhar os seus sentimentos com relação ao dinheiro, entender o lado dele na história e ser honestos um com o outro, tudo junto vai preencher o que falta para a compatibilidade financeira dos dois. Um relacionamento construído sobre o engano nunca permanecerá de pé. Mas não causa dano algum usar o que sabe sobre a formação do dinheiro dele para, de vez em quando, ganhar a dianteira no jogo.

COLHENDO RECOMPENSAS VALIOSAS

1 *Você sabe que ele odeia fazer compras. Só precisa fingir que odeia também, mas alguém tem de fazer as compras. Ele vai ficar tão agradecido por você se oferecer que, feliz, vai entregar o cartão de crédito.*

2 *A tendência dele à competitividade não consegue evitar de querer ser igual aos outros. Recrute a ajuda das suas amigas, espalhando um boato a respeito do anel, carro, apartamento maravilhoso, que o companheiro de alguém comprou para ela. Lembra-se de Cintia e do carro esportivo? Sem brincadeira, logo depois da festa, dois homens que estavam na festa compraram carros para as garotas deles.*

3 *Pense no seu gasto como um investimento para os dois. Você está gastando por dois! Afinal, aquela lingerie linda e de marca que você comprou pode ter sido cara, mas deverá trazer prazer para ele tanto quanto para você.*

4 *Entre para a política. A economia ocidental inteira depende de as pessoas continuarem a gastar dinheiro. Se ele contestar você, mencione simplesmente que só está fazendo a sua parte para manter a engrenagem do comércio girando e para mantê-lo no emprego.*

ISSO É TRABALHO

DE HOMEM!

ESSA HISTÓRIA COMEÇOU COM A CINDERELA E A BRANCA DE NEVE. NÓS ÉRAMOS UMAS MENININHAS IMPRESSIONÁVEIS E O MELHOR EXEMPLO QUE O MUNDO ADULTO CONSEGUIU NOS OFERECER FORAM DUAS MOCINHAS OBCECADAS COM TRABALHO DE CASA. A CINDERELA PODE TER FICADO COM O PRÍNCIPE NO FIM (E PODEMOS TER CERTEZA DE QUE ELE NUNCA LEVANTOU UM DEDO PARA AJUDAR NO PALÁCIO). MAS COMO FOI QUE ELA PROVOU QUE MERECIA UM FINAL FELIZ? SEMPRE FAZENDO TUDO QUANTO É COISINHA NA CASA DA MADRASTA E NUNCA FAZENDO NEM UMA RECLAMAÇÃOZINHA. FOI ISSO. QUANTO À BRANCA DE NEVE, A COITADINHA TINHA DE COZINHAR E LIMPAR A CASA DE SIMPLESMENTE SETE HOMENZINHOS, ANTES DE TER O DIREITO DE SER SALVA DESSA VIDA DE LABUTA. ESTÁ NA HORA DE MUDAR A HISTÓRIA, MENINAS!

Já vimos como a mulher é condicionada a ser agradável. O que vai atrapalhar, sem dúvida, o acerto na hora de dividir de modo justo o trabalho no seu relacionamento. Experimente fazer o teste a seguir para ver se você tem as qualidades de que vai precisar para varrer longe todo esse condicionamento e assisti-lo passando o aspirador no tapete.

RALAR OU COÇAR?

Na hora do amor, você vai mais longe trabalhando o seu relacionamento do que jamais vai conseguir fazendo o trabalho de casa.

JÁ OUVIU ISSO?

É a vez dele limpar o box do chuveiro. Você tira a roupa e vê o que parece ter sido uma briga entre dois animais peludos dentro da saboneteira. Você:

a *com fúria, agarra a esponja e ataca a sujeira, xingando alto e desejando que fossem as partes íntimas dele aquilo que você está esfregando com tanta força e ensaiando a bronca que ele vai levar.*

b *desiste de tomar banho. Já que está limpando o box do chuveiro, pode bem limpar o resto do banheiro. Você se limpa mais tarde.*

c *entra irresistível, toda nua na sala e fala do que ele não fez. Veja como ele pula de pé. Talvez até decida ir tomar um banho com você.*

Você tem de levantar antes do nascer do sol e percebe que esqueceu de encher o tanque. Tem uma tempestade lá fora, mas vai ter de se levantar ainda mais cedo, se não for ao posto essa noite. Você:

a *põe a culpa para ele. É o homem quem cuida do carro. Você toma o cuidado de deixar bem claro para ele o quanto está aborrecida, dando alfinetadas a noite inteira. Até ele ficar tão exasperado que escolhe ter uma vida tranqüila e sai para encher o tanque por você.*

b *você dá um suspiro fundo e resigna-se a pôr o despertador para 15 minutos mais cedo. Ainda precisa passar um monte de roupa, fazer o jantar e a noite já está pela metade.*

c *pede a ajuda dele, explicando que se esqueceu do carro e ainda tem muito que fazer, antes de poder ir se deitar para o sono tão necessário.*

ENVOLVÊ-LO NO ASSUNTO REQUER MUITO MENOS ESFORÇO DO QUE SIMPLESMENTE MANDAR: ELE VAI RESISTIR. NEM FAÇA TUDO SOZINHA! É NECESSÁRIA UMA MANOBRA TÁTICA...

RALAR OU COÇAR CONTINUAÇÃO

Ele se ofereceu para fazer a ceia de Natal, mas você percebe que o único prato no cardápio vai ser um desastre culinário. Queimou o peru e errou todas as quantidades da receita de torta de abóbora, que está escorrendo pelo fogão inteiro, tanto que parece lava. Você:

a *aponta todos os erros que ele cometeu falando bem alto e exige que quer saber se foi uma sabotagem proposital contra a ceia. Diga, ou berre que, da próxima vez, você mesma vai fazer sozinha.*

b *manda-o para fora da cozinha, arregaça as mangas e tenta salvar aquilo que der. Foram confirmadas todas as suas suspeitas de que é mais rápido e menos complicado fazer tudo você mesma.*

c *fica exatamente onde estava, bebendo um vinho, decidindo que ele tem idade suficiente para descobrir o que fez de errado, mas que ele nunca vai poder melhorar, se você não o deixar treinar.*

A maioria é composta de a): você fica tão pouco à vontade de dividir as tarefas, que corre o risco de transformar a sua casa em um campo de batalha. Quer que ele faça uma parte justa do trabalho, mas quer que faça do seu jeito e pague por todos os homens que não fazem o que devem. É sério, você precisa relaxar um pouco. Amor adulto é uma questão de colaboração e não de competição.

A maioria é composta de b): Cinderela está viva e saltitante na sua casa. Bem no fundo, você ainda acredita que tudo é trabalho de mulher e ele vai concordar, porque detesta desapontá-la. Existem meios mais inteligentes de demonstrar o seu amor do que encerando o chão do terraço. Amar-se o suficiente para insistir em dividir as tarefas, por exemplo!

A maioria é composta de c): você não precisa de ninguém para lhe dizer que vida e amor verdadeiros são uma questão de dar e receber. E você se sente à vontade tanto com um quanto com o outro.

O QUE VEM DE CASA

Se vocês não morarem em um palácio com empregados cuidando das coisas, é bom descobrir se o seu Príncipe Encantado é capaz de se cuidar sozinho.

Se não escolheu só os cs, na última seção, você está realmente precisando dar uma renovada nas suas atitudes. Vocês dois são adultos, os dois devem trabalhar fora, os dois fazem bagunça (se o esporte dele for futebol ou basquete, é bem provável que faça muito mais do que você). Por que você deve sempre perder, na hora de dividir o trabalho doméstico?

Se, na sua casa, o seu pai tinha o costume de dar de presente de Natal um aspirador novo ou um jogo de panelas para a sua mãe, você deve ter mais dificuldade com o assunto.

Infelizmente, isso também é verdade para ele. Se você tiver muita sorte, ele nasceu nos anos setenta, com uma mãe que lia revista feminista enquanto estava em trabalho de parto e que lhe ensinou a lavar prato, antes até de ensinar a lavar a orelha direito.

Mas as maiores probabilidades são as de que, com a disposição da mãe para fazer tudo, exceto assoar o nariz dele (ela largou de fazer isso só quando ele terminou o segundo grau), você acabou recebendo o desafio gigantesco de convencê-lo a fazer a parte dele do trabalho doméstico.

COMO É A CASA DELE?

Muito antes de ficar um caso sério, você deve fazer algumas coisas. Faça-o convidá-la para conhecer os pais e veja se o tratam como manda-chuva ou como capacho. Brinque de detetive pela casa dele, quando ele não estiver olhando:

1. *Qual é data de validade das coisas nos armários?*
2. *A pasta de dente está tampada?*
3. *Quando você abre o guarda-roupa, o tênis sai andando sozinho?*

É bom que ele valha o trabalho que você vai ter, para treiná-lo direitinho. Mas é bom conhecer o verdadeiro tamanho da tarefa que a espera.

O modo mais rápido de conseguir ajuda em casa é lhe dar a oportunidade de agir de acordo com o próprio tipo.

QUAL É O TIPO DELE?

JOGUE COM AS NOVIDADES ELETRÔNICAS

a *Quer que ele passe o aspirador? Invista em um modelo sem saquinho. Homem fica fascinado pela ciência que existe por trás de uma máquina que parece sumir com o pó. E não se esqueça do encanto dos motores grandes e potentes. Você até pode dizer que, como a motocicleta que ele adoraria ter, esta máquina é potente demais para você manejar (rá!)`.*

b *Gostaria de um descanso da cozinha? Faça surgir um processador todo cheio de possibilidades. Nem os jogos de montar vão deixá-lo tão animado como ao tentar descobrir como juntar o bilhão de pecinhas e, quando conseguir moer a carne de carneiro como ele quer, pode muito bem terminar de fazer tudo e deixá-la descansar um pouco.*

c *A tinta na parede está meio desbotada? Leve-o para passear na loja de material e veja como fica maluco por todos aqueles equipamentos que existem agora para lixar a parede e pintar, ou colar o papel de parede.*

Como em todas as outras áreas da vida e do amor que vimos, conseguir a cooperação dele para os afazeres domésticos é realmente só uma questão de entender como é feito um homem. Por sorte, as coisas que animam o seu homem constituem o ponto de partida perfeito para transformar, na cabeça dele, os papéis tradicionais femininos e masculinos. Esperemos que o seu homem tenha uma boa proporção de cada um destes tipos dentro dele.

O LOUCO POR APARELHOS ELETRÔNICOS

O louco por aparelhos eletrônicos é o presente dos céus para as divas. Os pais sabiam que ele ficaria quietinho durante horas com um Transformer ou uma caixa de Lego. Você só precisa procurar o equivalente adulto para esses brinquedos infantis, algo que possa ser útil em casa. As idéias acima podem ser um início, mas você vai ter de se guiar pelas paixões pessoais do seu homem.

O HOMEM PRÉ-HISTÓRICO

O passado ancestral dele está bem vivo no seu DNA e você pode fazê-lo reacender a qualquer momento. Nesse retorno à pré-história, tome cuidado para não se jogar de volta ao tempo das cavernas, quando o seu trabalho era cuidar do fogo doméstico. Não existe uma regra que diga que só os homens podem caçar: vá caçar oportunidades no shopping!

QUAL É O TIPO DELE? CONTINUAÇÃO

JOGUE COM OS INSTINTOS DELE...

a *Quer um descanso da cozinha? Sugira um churrasco. O homem e o fogo andam tão juntos quanto a mulher e os sapatos. Para ele, fazer e manter o fogo é o maior teste para a própria masculinidade. Não é necessário revelar para ele que a Cinderela também sabia como fazer um foguinho. Relaxe e deixe que ele faça uma deliciosa refeição lá fora.*

b *Cansada da corrida ao supermercado? Pode haver poucas oportunidades para arremessar lanças, dar tiros e pescar no seu bairro, mas, bem lá no fundo, ele continua querendo levar um bisão para casa. Portanto, dê-lhe a chance de redescobrir o caçador que existe dentro dele, procurando uma nova delícia em alguma loja fora do caminho. Fale que ouviu falar de um lugarzinho lindo que está vendendo carne de javali, ou costeleta de búfalo e veja só como vai pegar a chave do carro como se fosse um arco e flecha.*

c *Ele não consegue deixar de lado a competitividade, não é? Nem mesmo quando se fala em algo tão simples quanto lavar a privada? Cuide para que ele esteja assistindo quando anunciarem aquele produto novo fantástico que deixa a privada mais branca do que os dentes de um dentista. O produto vai aparecer no banheiro (pelas mãos dele), alguns dias depois. O que é mais do que justo, considerando que ele passa muitas horas mais do que você conversando com a porcelana.*

O HOMEM TECNOLÓGICO

Existe um motivo para os homens serem os maiores usuários e compradores de computador e de jogos de computador. Eles simplesmente adoram dominar as novidades tecnológicas, com audácia, trilhando caminhos dantes só trilhados por Bill Gates. Sempre que ele explica, mais uma vez, como alguma máquina funciona, ele está nas suas mãos.

QUAL É O TIPO DELE? CONTINUAÇÃO

APERTANDO OS COMANDOS DELE...

a *Quer que ele lave a roupa? Cuide para que a sua máquina de lavar pareça a cabine de um jato de guerra. Quanto mais luzinhas piscando, botões, sinos e apitos ela tiver, mais atraente ele vai achar. Se a máquina vier com um manual de 200 páginas, explicando as 70 etapas da lavagem para roupa delicada, é ainda melhor.*

b *Hoje em dia, pode-se fazer ou comprar praticamente tudo pela internet. É claro que você não quer deixar de sair para fazer compras, mas não vai lhe fazer falta deixar de carregar frutas, verduras, lâmpadas, papel-toalha e descansar em casa, portanto, quando ele grudar no computador, peça para fazer a parte tediosa das compras. E já que está ali, pode pagar todas as contas da casa on-line.*

c *Prefere descansar e olhar a paisagem, quando vocês dois saem para algum lugar? Então lembre-se de comprar um carro com sistema de navegação por satélite. Além de ele se oferecer sempre para dirigir (até quando forem a um bar e um dos dois deve ficar sem beber), vão acabar as brigas por causa da cabeça de toupeira dele que se recusa a pedir informação, mesmo quando você jura que já deu a volta nesse quarteirão mil vezes.*

QUAL É O TIPO DELE? CONTINUAÇÃO

O CONSERTA TUDO

Imagine só a cena, 10 mil anos atrás. Ele e os amigos estão todos tentando descobrir como transformar uma pilha de gravetos e algumas peles de animais em um abrigo. Ou como grudar uma pedra na ponta de um pau e inventar uma arma de caça mais eficiente.

O JOGO DA MÃO NA MASSA...

Ele adora descobrir como usar as coisas, como consertar tudo e, o que não existir, ele vai adorar inventar. A última coisa que você vai querer fazer é estragar a diversão dele e pegar o livrinho de telefone para chamar alguém para consertar.

a *O seu carro está fazendo um barulho esquisito e você nem imagina qual seja o problema. Deixá-lo solto embaixo do capô com a caixa de ferramentas é como soltar um cavalo em um campo gramado. Como as peças já estão no chão da garagem e está na hora de trocar óleo e filtros que estão bem ali do lado...*

b *Qualquer coisa que você queira que seja feita, dê para ele a ferramenta apropriada. Não é necessário gastar muito, junte algumas amigas e cada uma fica com a ferramenta durante uma semana. Ele não vai resistir e vai experimentar qualquer brinquedo novo, seja uma furadeira incrível, ou um espremedor de alho fascinante.*

c *Outra possibilidade é transformar o que você precisa que seja feito em um quebra-cabeça. O encanador mudou de bairro e você não sabe o que seja uma chave de grifo nem um alicate ajustável, nem onde possa estar o problema, no meio de tanto encanamento antigo. Para ele, o desafio será como um problema matemático complexo e a única participação que ele vai esperar de você é ouvir com ar inteligente toda vez que ele vier contar que conseguiu alguma coisa. Quanto mais houver para ele provar a própria engenhosidade e o próprio conhecimento tecnológico para você, melhor será.*

Assim que você entender que cuidar das tarefas é o jeito que ele tem de provar que gosta de você, você vai querer dar o seu reconhecimento pelas coisas que ele faz por amor.

UM TRABALHO DE AMOR

AGORA QUE ELE ESTÁ DOMESTICADO, VOCÊ PODE SE PERMITIR UM SORRISINHO IRÔNICO. MAS NÃO SE DEIXE EMPOLGAR, É IMPRESCINDÍVEL QUE VOCÊ DEMONSTRE UMA APRECIAÇÃO SINCERA PELOS ESFORÇOS DELE.

Porque aí está o segredo de tudo: é evidente que ele adora você, mas se sente muito mais à vontade provando o amor de modo prático. Agir é muito mais importante do que falar, na opinião dele, em particular no caso em que você é muito melhor quando se fala em montar uma sentença inteira.

Compreender o modo como ele funciona, para conseguir que o trabalho seja feito, é bom. Mas é um dever que você tem com ele notar o que fez e, em retribuição, dar o que ele deseja de você: reconhecimento, admiração e aprovação.

Voltando a uma das lições que vimos antes. Todos queremos ser respeitados, admirados e apreciados pelas pessoas de quem gostamos, cuja opinião é importante para nós. Cuide para que ele saiba todo o valor que você dá pelo trabalho que faz na casa: ele pode até começar a notar mais as coisas que você faz para ele!

Se sentir vontade de não levar muito a sério os esforços dele para agradá-la, pense em como você se sentiu todas as vezes que os homens da sua vida (sem falar nos amigos, nos colegas, nem no chefe) não deram importância para o que fez.

É ótimo saber que está sendo útil. E faz uma diferença enorme, quando alguém tem o trabalho de reconhecer os seus esforços, uma tal diferença que você nem se importa de fazer ainda mais. Nem ele vai se importar...

Quem faz o que não importa, basta que os dois estejam de acordo que estão fazendo o justo em casa e que ninguém se sinta um mártir.

CORAGEM, NÃO TIRE O PÓ

E onde você fica enquanto o seu homem está cheio de tarefas? Deitada no sofá lendo uma revista, ou escondida no banheiro enfiada até a cabeça em um banho de espuma caríssimo?

É provável que não, porque, como dissemos, o seu amor não vai sobreviver à última moda, se um dos dois já se sente pouco valorizado ou subestimado .

A sua meta é uma divisão de trabalho que os dois considerem justa. Não importa se decidem que o lugar dele é na cozinha e o seu é na oficina (ou os dois no quarto, deixando para o entregador a responsabilidade de mantê-los bem alimentados). Se o acordo estiver bom para os dois e um sempre se lembrar de valorizar o trabalho do outro, vocês devem estar no caminho certo.

E, como já estão trabalhando para acertar as coisas, lembre-se de que, se achar sujeirinha no banheiro, de vez em quando, não deve reagir como se alguém tivesse morrido.

Enfrentar o trabalho de casa juntos, ouvindo música bem alto é muito bom e gostoso. Mas e a diversão que vocês podem ter juntos, que não diz respeito a espanadores nem a esponjas com detergente, nem a tampo de cozinha brilhando? Muito pouca gente usa o último suspiro para espalhar ao mundo que queria ter feito mais em casa.

Quando um está olhando nos olhos do outro, nem vai perceber a poeira. Orgulho de si próprios e um do outro vai muito mais longe do que o orgulho pela casa.

A HISTÓRIA DE MARISA
Nos 40 anos de casados, Sérgio, o marido de Marisa, fez quase todo o trabalho de casa: cozinhava, lavava, fazia as compras, cuidava do jardim e levava os dois filhos para a escola, para visitar os amigos e para os jogos. Longe de se sentir explorado, era evidente para todo mundo que os conhecia que Sérgio e Marisa haviam realmente encontrado o par perfeito e tinham um relacionamento perfeito. Quanto mais Sérgio fazia por Marisa, mais profundamente ela o amava e reconhecia o seu valor e mais ele queria fazer por ela.

O FATOR X

Pode-se conseguir muito com programas de treinamento para administração, mas todo programa de treinamento tem as suas limitações naturais.

o fundo, o seu empreendimento ser bem ou mal sucedido depende do compromisso mútuo entre você e o seu companheiro, não do programa. Aprender com um livro vai levar somente até certo ponto. Qualquer garota que esteve em um quarto com um homem cuja técnica veio direto de um manual de sexo pode testemunhar!

Pode ser útil fazer comparações com o que se alcança no mundo do trabalho, com o treinamento apropriado, mas existem diferenças importantes.

No trabalho, você pode espremer o coração e a alma, trabalhar 25 horas por dia, fazer todos os cursos de treinamento que ofereçam e, apesar de tanto esforço, não estar à altura do que o cargo exige. Nesse caso, a sua empresa vai lhe dizer adeus.

Na questão do amor, o seu homem pode estar sendo um triste fracasso, ou nem estar se esforçando, mas, bem no fundo, você não quer mostrar a saída para ele. Afinal, se conseguíssemos controlar o coração com perfeição, nunca nos apaixonaríamos por alguém que não fosse perfeito (para nós), só para começar. Com todas as falhas, você reconhece que, juntos, vocês dois têm um fator X e, por causa disso, vai lhe perdoar muita coisa.

Mesmo quando ele parecer um caso desesperado não está tudo perdido. Pode haver bons motivos para o seu programa de administração masculina não estar funcionando.

HOMENS QUE NÃO SE COMPORTAM DIREITO

Por que o seu treinamento de administração masculina não está dando certo?

A cabeça dele pode ser realmente mais dura do que concreto, e nesse caso, é preciso ir fazendo e refazendo o programa, até ele começar a entender.

Entre os outros fatores que podem estar atrapalhando o aprendizado está o ego. Talvez ele seja do tipo que simplesmente não entende que possa ter alguma característica que precisa ser mudada. Ele é o sabe-tudo, na frente da turma, que estraga tudo para todo mundo, porque se recusa a cooperar (ou a ouvir), e que está muito ocupado fazendo comentários cínicos e apontando os seus erros para ter tempo de aprender qualquer coisa.

Ou ele está confundindo você com a mãe, com a antiga escola, com o chefe. Em vez de vê-la como uma companheira, que procura construir um relacionamento melhor, você é uma figura de autoridade e ele está reagindo como o menino levado, aquele que se senta na última fila, que sabota a sua tentativa de crescimento com travessuras, falta de atenção e de respeito. Não tem discussão, ele precisa crescer.

Antes de jogar o regulamento na cabeça dele, reflita se não existem circunstâncias atenuantes. Se sempre fizeram com que ele se sentisse um medíocre, então, qualquer insinuação de que você está querendo que mude vai mandar uma joelhada defensiva direto nos seus planos.

Talvez o histórico pessoal ou a influência dos amigos signifiquem que, para chegar a um ponto satisfatório, ele tem mais caminho a rodar do que os outros homens.

Pense nas armadilhas que vimos:

1. *determinar um nível fora da realidade e muito alto, esperando mais dele do que esperaria de qualquer outra pessoa, inclusive de você mesma.*
2. *ser desonesta, procurando controlá-lo e não ajudá-lo a mudar de modo a beneficiar os dois, dentro do seu relacionamento amoroso.*
3. *lutar contra as diferenças, em vez de trabalhar com elas, querendo que ele seja igual a você.*

Dê uma olhada no capítulo quatro para se lembrar de que ele precisa crescer tanto quanto ser treinado.

O outro ponto a considerar é se ele é ou não o único que precisa aprender alguma coisinha. Tem certeza de que entende os seus próprios motivos? Sem querer, às vezes, levamos as pessoas ao fracasso, porque o que dizemos que é o nosso desejo não é realmente o que estamos procurando. Dê uma olhada (no texto acima) em algumas das armadilhas que preparamos para aqueles que amamos e verifique se você se entende tão bem quanto quer que ele a entenda.

Se nenhum desses itens dizem respeito a vocês, então você terá de enfrentar a possibilidade de que ele pode não ser o homem que você pensou que ele fosse. Pode ser que, simplesmente, ele não tenha amadurecido o suficiente para ter um relacionamento adulto, de igual para igual.

É esse o ponto aqui. Como qualquer administrador, é preciso olhar friamente e se perguntar se ele é realmente o homem certo para você. Exatamente até que ponto você quer ceder? Ele vale a pena? O que sente por ele é mais forte do que os seus defeitos, ou é provável que seja solapado por suas dúvidas?

FAZENDO UMA AVALIAÇÃO

Os relacionamentos naufragam por todos os tipos de motivos, é preciso entender com o que você consegue viver e com o que não dá.

Mesmo sendo uma ótima treinadora, você não vai obter sucesso em todas as áreas. O truque é definir as suas prioridades e decidir como ele fica nesse panorama.

Ele pode não ser bom na hora da fofoca, como você gosta de fazer com as suas amigas. Se elas estão aí para isso, você precisa dele também? Por outro lado, ele sabe exatamente a hora de fazer um elogio fantástico, daqueles que levantam o seu astral e a sua auto-estima, nos dias em que o seu cabelo não fica bom. Quais

Quando Joana terminou com Carlos, ela contou para as amigas que foi porque ele nunca limpava o banheiro, depois de usar. Milhões de relacionamentos terminam por coisinhas pequenas e bobas, exceto que, claro, não são nem um pouco bobas. São sintomáticas. É provável que Joana aprendesse a conviver com as manchas de sujeira (talvez ela tenha até imaginado um jeito criativo para se vingar, como raspar a perna com o barbeador caríssimo dele), se ela se sentisse amada, mimada e contasse com a atenção de Carlos de outros modos.
Mas era como viver com um menininho que só pensava nas próprias necessidades e colocava as dela debaixo do pano de chão que ele se recusava a pegar. Carlos não se preocupava em agradar Joana o suficiente para mudar alguma coisa que, por qualquer motivo, fosse importante para ela.

1 *Tranque-se em algum lugar tranqüilo e, em uma folha em branco, faça três colunas. Ponha em cima de cada uma: "problemas", "possibilidades" e "previsão".*

2 *Em "problemas", escreva todas as coisas que ele faz ou deixa de fazer, que aborrecem, entristecem ou desapontam você. Pode ser uma coisa simples, como esquecer de pôr o leite de volta na geladeira, ou séria, como criticar a sua aparência. O que você procura é uma lista abrangente de todas aquelas áreas em que existe potencial para brigar ou terminar tudo.*

3 *Agora, analise todos os itens um por um e, ao lado, anote se você acha que exista uma possibilidade realista de o comportamento mudar. O seu programa de treinamento pode funcionar ou esse aspecto de comportamento é parte integrante dele, como a cor dos olhos ou o tamanho do sapato?*

4 *Por fim, leia a lista de novo, concentrando-se somente naqueles itens que você predisse como "não vai mudar". Escreva a sensação que cada um desses item dão em você: exasperação, aceitação relutante? Ou tristeza, fúria, desespero? Ao identificar a sua reação emocional, você vai começar a ver se vocês têm futuro juntos. Você consegue viver com ele? Quer viver com ele, se isso significa que ainda vai estar sentindo essa tristeza pelo comportamento dele daqui a 10 anos?*

são as coisas mais importantes para você? Tornar a vida mais rica, divertida, alegre e cheia de amor? Como ele fica sob essa perspectiva?

Faça uma avaliação seguindo os passos acima. Mas lembre-se de que todo relacionamento tem os seus momentos de fúria, frustração, aborrecimento e tristeza, em especial aqueles que envolvem morar com alguém.

A maioria das pessoas não perde o emprego por uma escorregadinha ocasional, pelos dias que não obtemos o resultado de sempre, nem por quando irritamos os colegas um pouco. Por outro lado, existem coisas que podem garantir a demissão instantânea. Se a avaliação trouxer fortes sentimentos negativos, está na hora de se perguntar se vocês chegaram na hora de cada um seguir a sua estrada.

PARCERIAS PERFEITAS

Existe uma diferença importante na sua atitude com relação a administração masculina no escritório e na sua vida amorosa.

Falando sério, o seu chefe pode dar muito apoio, mas é pouco provável que ela realmente queira que você se torne tão brilhante que acabe tirando o cargo dela. Eles podem ser excelentes administradores, mas vocês dois estão ali para trabalhar bem para a organização, não cada um por si.

Considerando que você gosta do seu homem o suficiente para querer que dê certo. Por que mais você investiria no treinamento dele?

Nesse caso, você precisa se lembrar a cada etapa do caminho que, ao contrário do mundo do trabalho, o seu objetivo é torná-lo o parceiro perfeito. Não um subordinado, mesmo que você tenha de administrá-lo pelo resto do tempo que ficarem juntos. Mas um parceiro completo e igual na empreitada.

Se estamos falando das suas metas, pode enganá-lo e fazê-lo pensar que quer aquilo que você quer. Mas isso vai durar só o tempo que ele levar para entender que estão trabalhando unicamente para as suas prioridades.

Veja só como os políticos caem, quando os interesses deles não combinam mais com os dos aliados. As lealdades desaparecem e todos procuram uma nova parceria.

Comparando com a política, a base do seu relacionamento é felizmente muito simples: a meta de vocês é criar um relacionamento forte, honesto, protetor, no qual vocês dois dão e obtêm o que necessitam

E sentem prazer em dar e receber em medidas iguais, por causa do sentimento que têm um pelo outro.

Agora, feche o negócio!

ÍNDICE

Agradecimentos

Ilustrações nas pág. 14-15,40,44,48,51,52,59,61,65,68,73,81,85,93,96,105,108,110,112,117,127,128 de Keith Sparrow